Klaus Pinkas

Der andere könnte auch recht haben

Demokratie im Kulturvergleich

novum pro

www.novumverlag.com

Bibliografische Information
der Deutschen Nationalbibliothek:

Die Deutsche Nationalbibliothek
verzeichnet diese Publikation in
der Deutschen Nationalbibliografie.
Detaillierte bibliografische Daten
sind im Internet über
http://www.d-nb.de abrufbar.

© 2021 novum Verlag

ISBN 978-3-99131-039-6
Lektorat: Leon Haußmann
Umschlagfotos: Onle1984,
Robyn Mackenzie | Dreamstime.com
Umschlaggestaltung, Layout & Satz:
novum Verlag

Gedruckt in der Europäischen Union
auf umweltfreundlichem, chlor- und
säurefrei gebleichtem Papier.

www.novumverlag.com

Inhaltsverzeichnis

Vorwort 6
1. Allgemeine Darstellung 10
2. Die historische Dimension 21
3. Die religiöse Dimension in ihrer
   gesellschaftlichen Funktion 23
4. Individuum und Gesellschaft 31
5. Die Aufklärung 34
6. Wissenschaft und Technik 43
7. Die Fähigkeit zur Abstraktion 46
8. Gedanken über Perspektiven 64
9. Das demokratische Paradigma 68
10. Expansionismus als zentrales Problem 101
11. Ein Problem der Philosophie 112
12. Hierarchie und Demokratie 135
13. Demokratie in Gefahr 141
14. Die aktuelle Herausforderung 150
15. Ein Gedanke zum Schluss 168
Danksagung 176
Literatur 179

Vorwort

Die Schweiz gibt in einer Generalklausel ihrer Armee den Auftrag, zur Verhinderung von Kriegen und zur Erhaltung des Friedens beizutragen. Da die Demokratie die Idee eines Friedenskonzepts in sich trägt, gilt dieser Auftrag sinngemäß wohl für alle Streitkräfte demokratischer Staaten. Dieses Ziel scheint weder in der Schweiz noch sonst wo zufriedenstellend gelöst zu sein – die Weltgesellschaft steckt tief in einer selbstverschuldeten Sackgasse; so lasse ich mich mit diesem Text auf das Thema ein, warum nicht nur Diktaturen, sondern auch Demokratien dem Ideal einer friedlichen Entwicklung nicht recht gewachsen sind.

Von den 41 Jahren, die ich mit dem österreichischen Bundesheer beruflich verbunden gewesen bin, war ich die kleinere Hälfte beim Heerespsychologischen Dienst mit Meinungserhebungen und den größeren Teil der Zeit an der Landesverteidigungsakademie im Bereich der Sozialwissenschaftlichen Forschung aktiv.

Im weiten Spektrum von Sicherheitspolitik bis zur Pädagogik ist mir die Ungerechtigkeit vieler Menschen dem Bundesheer gegenüber aufgefallen; wegen seines natürlich militärischen Erscheinungsbildes steht es häufig in der gleichen Kritik, die in den demokratischen Staaten dem Krieg gilt. Zwei Weltkriege, in denen die Österreicher auf der Verliererseite standen, hatten in der Einstellung einen Paradigmenwechsel eingeleitet, aber ihn nicht auch emotional und rational vollzogen.

Das Bundesheer ist dem Frieden verpflichtet – und darauf passen viele auf; der Kampf an der Wirtschaftsfront wird so wie weltweit auch in Österreich mit wenig Rücksicht auf die Bedingungen, die für Frieden notwendig sind, geführt und zu wenige haben das bemerkt. Der ökologische Grundsatz „global denken – regional handeln" ist nicht zur Anwendung gekommen.

Einer der Gründe, warum es so schwer ist, der Gerechtigkeit zum Durchbruch zu verhelfen, liegt in der verbreiteten Dominanz des Sehens vor dem Denken – das Bild eines Marktes ist optisch friedvoller als das Bild eines Panzers. Da ich meiner Blindheit eine Sonderperspektive verdanke, kann ich einer Täuschung, die das Sehen bei vielen Menschen erzeugt, leichter entgehen und kann dem aktuellen Weltmarkt eher die kriegsträchtige Wirkung ansehen, deren Darstellung einen Teil dieses Textes ausmacht. Die Wahrnehmung mit der Dominanz des Sehens und eine mit der Dominanz des Hörens schafft andere „Bilder" – es lohnt sich, sie abzugleichen.

So beschäftige ich mich mit dem Problem der Wahrnehmung; hier beziehe ich mich auf die Ergebnisse der modernen Gehirnforschung und auf meine Erfahrungen mit dem Yoga; diese beiden sind zwei verschiedene, aber miteinander kompatible Erkenntnistechniken. Auf Grund meiner Beschäftigung mit Yoga in Theorie und Praxis versuche ich diese Erfahrung einzubringen. Indem der Aspirant seine Aufmerksamkeit auf die wahrnehmbaren Funktionen des Gehirns richtet, sucht er seine Sensibilität und damit seine Resilienz zu stärken.

Eine Demokratie wird in einer Verfassung beschrieben; die juridische Dimension schafft sie aber nicht. Sie entsteht und lebt aus dem Umgang der Menschen miteinander, hat also auch eine sozialwissenschaftliche Dimension. Neben meiner Arbeit im Heerespsychologischen Dienst studierte ich Rechtswissenschaften und konnte mich so in beide Denkweisen einleben. Demokratisches Bewusstsein ist gegeben, wenn die Menschen neben dem Anspruch auf Freiheit auch die Bereitschaft zur Verantwortung für andere haben. Ein hierarchisches System weist das Recht auf Herrschaft und die Pflicht zum Gehorsam verschiedenen Gruppen zu.

Weil die Entwicklung der christlichen Kirche gut dokumentiert ist, lassen sich an ihrem Beispiel die zwei entsprechenden Formen des Umgangs der Menschen miteinander deutlich zeigen: zum einen ist es der brüderliche Umgang, der der Demokratie entspricht; zum anderen ist es der patriarchalische, der einem autoritären Herrschaftssystem zuzurechnen ist. Der innerkirchliche Konflikt zwischen Herrschafts- und Befreiungstheologie ist noch im Gang; und in jeder Gesellschaft gibt es diese beiden Mentalitäten auch, wenn auch in unterschiedlichen Quantitäten.

Ein aktuelles Problem der Gesellschaftswissenschaft ist die Tatsache, dass in der liberalen Wirtschaftstheorie der Wirtschaftsprozess weitgehend unabhängig von der gesellschaftlichen Wirklichkeit außerhalb dieses Spektrums betrachtet wird. Beim Kampf des Kapitalismus gegen den Kommunismus ist der Kommunismus zwar vom Kapitalismus besiegt worden; der Wettbewerb zwischen den beiden Wirtschaftsformen hat aber blind gemacht für die mangelnde Verträglichkeit der modernen Wirtschaft an sich. Diese wird nun wegen der Globalisierung gerade durch den Corona-Virus herausgefordert; die Natur bringt sich als ökologischer Faktor ins Spiel. Der Ausgang ist offen.

Vor der gegenwärtigen Krise ging es vor allem um Wettbewerb, heute geht es um Solidarität. Worum wird es nach der Krise gehen? Wenn man aus der Erfahrung lernen will, wird die Krise eine Neuorganisation des gesellschaftlichen Lebens hervorbringen, die nicht nur die wirtschaftliche, sondern auch die ökologische und die militärische Sicherheitspolitik betreffen wird.

Mit dem Hinweis auf den demokratischen Grundsatz, der andere könnte auch recht haben, stelle ich im folgenden Text meine Meinung zur Disposition und räume ein, dass die Leser die Wirklichkeit genauer sehen und besser interpretieren mögen.

1. Allgemeine Darstellung

Das, was heute unter Demokratie verstanden wird, beruht auf der Entwicklung des 18. Jahrhunderts in Frankreich. Die Revolution 1789 agierte unter den Gedanken von „Freiheit, Gleichheit und Brüderlichkeit"; das ist heute der Wahlspruch Frankreichs. Davon erfreut sich der Grundwert Freiheit größter Beliebtheit; Gleichheit als Verzicht von Präpotenz und von Missbrauch der Macht durch die Träger öffentlicher oder privater Machtfunktionen wird vollinhaltlich akzeptiert, wenn auch nicht immer vollzogen. Ein Problem allerdings gibt es noch mit der Brüderlichkeit, die heute wegen der Stellung der Frauen besser Solidarität genannt werden sollte.

Dies zeigt sich beispielsweise daran, dass etwa die in Österreich bisher für die Sozialordnung zuständigen Parteien Probleme mit der Einführung notwendiger ökologischer Maßnahmen (etwa CO_2-Steuern) haben, weil sie den unteren und untersten Einkommensbeziehern wegen der Arbeitswege nicht zumutbar seien. Die bisherige Solidarität zeigt sich also als nicht ausreichend, um zukünftigen Schaden zu verhindern; damit würde die Demokratie an ihrer Imperfektion scheitern. Für die Handlungsfähigkeit einer Demokratie ist ein breiter Mittelstand von gut gebildeten Bürgern günstig; Demokratie ist ein Kulturgut und nicht einfach zu haben. Im Unterschied zur Armut, die naturgemäß vor allem nur die Armen trifft, bedroht der Corona-Virus alle – so wird die verbreitete Hinwendung zur Solidarität verständlich. Ob sie über die Lebenszeit des Virus hinaus überlebensfähig bleibt, wird sich weisen.

Der soziale Ausgleich stand wohl auch im Fokus der Gründungsidee der modernen Demokratie, denn sie richtete sich gegen die strukturelle Ungleichheit in der Gesellschaft unter der Adelsherrschaft und der sie unterstützenden Kirche – beide Gruppen waren wohlhabend und steuerfrei. In einer Hungersnot – ein Vulkanausbruch in Island hatte auch in Frankreich eine kurze Eiszeit mit Missernten ausgelöst – verkaufte der König Getreide nach England und zeigte damit, dass er sich für sein Volk nicht verantwortlich fühlte.

Aufgrund dieses beispielhaft gezeigten Solidaritätsmangels des Feudalismus ist es sukzessive zur Bildung von Demokratien gekommen. Zu dieser Gesellschaftsentwicklung trug die Kapitalismusidee wesentlich bei; doch mittlerweile tritt der Kapitalismus in die Fußstapfen des Feudalismus, was damals noch nicht absehbar war. Das Markenzeichen des Feudalismus ist die freie Vererbbarkeit des Kapitals; die Demokratie ist gefordert.

Die Fähigkeit, gesellschaftliche Probleme wie etwa das ökologische zu lösen, hängt wesentlich von den gesellschaftlichen Bedingungen ab. Für einen kleinen Staat wie Österreich, dessen Bevölkerung nur ein Promille der Weltbevölkerung ausmacht und dessen Regierung nur eine geringe Wirkkraft aufzubieten hat, ergibt sich die Frage nach der Sinnhaftigkeit eines Lösungsversuchs; nach innen traut sie sich offensichtlich nicht und nach außen kann sie politisch kaum wirken.

Wie kann man sowohl die Mittelschicht zum Energiesparen zwingen als auch die Reichen und hyperreichen JetSet-Konsumenten in ein solches Programm bringen. Die untersten Einkommen tragen wenig zum CO_2-Ausstoß bei. Wie teuer müsste Energie sein, dass auch Warren Buffett mit seinem Vermögen von 83 Milliarden Dollar oder die beiden privaten Weltraumfahrer Richard Branson und Jeff Bezos energiesparend leben müssten?!

Wenn auch nur einer der drei Aspekte der Demokratie, in diesem Fall die Brüderlichkeit, fehlt, ist sowohl das System als auch die Gesellschaft gefährdet. Der amerikanische Traum, vom Tellerwäscher zu Millionär zu werden, hat ausgedient, ein gutes Beispiel für die Gesellschaft zu sein.

Kann sich eine Demokratie einen vernünftigen und vertretbaren Umgang mit Energie verordnen? Als die fortschrittlichen Staaten in die Technisierung (Mitte 19. Jh.) und später in die Übertechnisierung (Mitte 20. Jh.) eintraten, beachteten sie ihre Vorbildwirkung nicht; in ein paar wenigen Staaten könnten die Menschen „wie Gott in Frankreich" leben; aber für alle werden die Ressourcen knapp. Die Vorbildwirkung, die man anfangs und bisher außer Acht gelassen hat, wird nun ein wichtiges Überlebensmittel. Irgendwer muss anfangen und vernünftig werden – und warum nicht gerade auch wir Österreicher, die wir früher mit anderen Völkern Vorreiter in die Technisierung waren?

In den ersten hundert Jahren nach dem Ursprungsereignis der modernen Demokratie gab es in Europa nur Teilerfolge; auch bisher zeigt sich die Entwicklung als mühsam. Immerhin sind im Rahmen der Aufklärung, die der Revolution Pate stand, die Leibeigenschaft als die christlich modifizierte Form von Sklaverei in West-, Süd- und Mitteleuropa und auch die harte Sklaverei in der Welt weitgehend abgeschafft worden. Die Menschenrechte kamen zum Tragen, das aktive und das passive Wahlrecht als das Kernstück der Demokratie ließen auf sich warten.

Nach europäischem Verständnis gilt das antike Griechenland als die Wiege der Demokratie. Zum einen entsprachen ihre Demokratien nicht dem heutigen Ansatz; nur ein kleiner Teil der Bevölkerung nahm an ihr Teil – nur die männlichen Bürger einer Stadt, nicht die Frauen und die Bewohner des Umlandes, die am Wirtschaftsprozess teilhatten und jedenfalls auch nicht die Sklaven. Aber das war nur ein organisatorisches Problem; diese „unvereinten" Stadtdemokratien standen häufig miteinander im Konflikt und scheiterten an ihrer Unfähigkeit, der Macht der Römer, die ihr Reich als Flächenstaat organisiert hatten, Widerstand entgegenzusetzen.

In der Vor- und Frühzeit konnten kleine Gemeinschaften demokratisch oder autoritär geführt werden; große Gemeinschaften bedurften offensichtlich aus organisatorischen Gründen einer autoritären Führung. Das Römerreich hatte mit dem Senat zwar einen demokratischen Ansatz; dieser war aber räumlich und zeitlich minimal; für eine demokratische Führung reichten die gegebenen Möglichkeiten nicht aus. Großbritannien und die USA zeigten allerdings, dass Demokratien möglich sind, wenn auch der Nachrichtentransport im Pferdetrab abläuft. Weil der Kandidat für die politische Vertretung dem Volk nicht bekannt ist, kann sich die Demokratie mit Wahlmännern helfen und sich als repräsentative Demokratie einrichten.

Das Römerreich sowie die anderen Imperien wurden autoritär geführt – Imperien werden gleichsam als eine Art Eigentum des Herrschers gesehen – seien es Könige, Diktatoren oder Politbüros – und die Menschen werden nur als dessen Bewohner betrachtet. Aus dieser Idee heraus kann Das Land schrumpfen und Wachsen; der Herrscher kann aus diesem Selbstverständnis Länder oder Landesteile erobern, erben, kaufen oder verkaufen. über das alte Österreich sagt Grill-parzer (in König Ottokar/Glück und Ende): „Es ist ein gutes Land, wohl wert, dass sich ein Fürst sein unterwinde".

Und wenn der letzte Präsident der USA Donald Trump un-längst den Dänen Grönland abkaufen wollte, so bedeutet das fürs Erste nur eine individuelle Fehlhaltung und noch keinen Systemwechsel im Land. Natürlich aber können die USA sowohl aufgrund ihrer militärischen als auch ihrer wirt-schaftlichen Stärke Einfluss weit über ihre Grenzen hinaus ausüben. Manche werfen den USA imperialistische Ten-denzen vor: aber ob der Satz „Macht zeigt den Charakter" oder der Satz „Macht verdirbt den Charakter" eher stimmt, lässt sich nicht leicht sagen. Jedenfalls tun sich Staaten, die kaum eine oder keine Macht haben, leichter, dem Prin-zip der Gewaltlosigkeit gerecht zu werden.

Die Reichsidee baut auf eine Führungsspitze – eine oder wenige Personen, die mit einer Stimme den Willen des Vol-kes vorgibt und durchsetzen kann; diese Idee meint eine Diktatur, die ein Kollektiv beherrscht. Die moderne Demo-kratie ist hingegen der Ausfluss des Volkswillens, der durch gewählte Repräsentanten vertreten wird. Hier handelt es sich um Individuen, die sich in einem Staat zu einem Volk verbinden. Dieser theoretische Ansatz vollzieht sich natür-lich nicht immer störungsfrei.

In der Aufklärung zur Zeit der großen Revolution in Frank-reich (1789) entstand neben der Idee der Menschenrech-te auch die Idee des Staates; die Bürger eines bestimm-ten Landes bilden als Nation einen Staat, der sich quasi auf einen Sozialvertrag gründet. Die damaligen Bürger Frank-reichs, die von Adel und Kirche schamlos ausgebeutet wor-den waren, wollten sich von der europäischen Adelsmafia befreien. Die Adelshäuser bildeten eine Art Obrigkeitsgemeinschaft im Interesse der gegenseitigen Stützung der Macht. Sie war eigentlich eine Friedensordnung, die allerdings die Führung kleinerer Kriege aus Konditions- und Disziplinierungsgründen nicht ausschloss. diese Strategie scheiterte allerdings mit dem Ersten Weltkrieg, indem die Herrscher ihre eigenen Interessen vernachlässigten und den Nationalismen der Völker hineinfielen.

Die Idee des Nationalstaates, die der Demokratie entspricht und sich nach dem Ersten Weltkrieg verwirklicht hat, sollte die fortdauernde Praxis der Eroberungs- und Unterdrückungskriege ablösen; Hitler-Deutschland ist auf die Reichsidee zurückgefallen und auch anderswo ist der Versuch der Demokratisierung bisher noch nicht ganz gelungen. Eine Demokratie muss auf der Gesinnung der Bürger beruhen, aus der die Fähigkeit der Menschen, mit Pluralismus sinnvoll und möglichst erfolgreich umzugehen, folgen sollte. Auf dem Pol des Pluralismus einerseits, den die Demokratie vorgibt, und dem des Monismus, der der Reichsidee entspricht, und konkret im Raum dazwischen spielt sich de facto die Politik ab.

In der Durchsetzung eines Willens ist die Demokratie schwächer, weil sie häufig über die Meinungsvielfalt stolpert; eine Diktatur ist durch eine Meinungsvielfalt jedenfalls weniger behindert. Die Neigung zu einer totalitären oder zu einer demokratischen Gesinnung wird schon in der frühen kindlichen Erziehung angelegt; der Wunsch nach und die Fähigkeit zur Demokratie stellt sich aber auch in formalen Demokratien nicht immer ein.

Zitat aus Wikipedia: Erich Fromm (1900 bis 1980):
„Der Mensch hat nicht nur physische, sondern auch psychische Grundbedürfnisse, die in seiner Existenz wurzeln.

Hieraus ergibt sich, dass für die psychische Gesundheit des Menschen universelle Kriterien gelten, die vom gesellschaftlichen System entweder gefördert oder unterdrückt werden können. Zwar kann der Mensch tatsächlich unter vielerlei Bedingungen leben, doch wenn sie seiner menschlichen Natur zuwiderlaufen, reagiert er darauf, indem er die bestehenden Verhältnisse entweder ändert oder seinen vernunftbedingten menschlichen Fähigkeiten entsagt, also sozusagen abstumpft."
(Ende des Zitats)

Die Demokratie sollte den materiellen wie immateriellen Bedürfnissen der Bürger in ihrer Eigenverantwortung entsprechen. Sie ist die beste, aber schwierigste Form des Zusammenlebens und ist auf eine möglichst optimale Erziehung der Bürger angewiesen. Das Kind lernt mit und von den Haupt- oder seinen Nebenerziehern seine Empfindungen bestenfalls genau zu interpretieren, sodass es im guten Fall als Erwachsener gelernt haben wird, seine Gedanken und seine Gefühle richtig zu interpretieren: Schmerz ist schmerzlich, Freude ist freudig etc. Abweichende Interpretation („ein Indianer kennt keinen Schmerz" – oder übertriebenes Bedauern wegen Kleinigkeiten) führen späterhin zur Verwirrung.

Wenn die Mutter die Empfindungen des Kindes (Schmerz, Ärger, Hunger, Freude usw.) trifft und gut anspricht, so hat das Kind einen Startvorteil fürs Leben. Es ist immerhin erstaunlich, dass einem Kind bei der Erlernung seiner Kultur auch bei der Wahrnehmung und vor allem der Deutung der Gefühle geholfen werden muss, damit späterhin der Umgang mit den Gefühlen unter Einbindung der Rationalität vernünftig vollzogen werden kann.

Das Kind hat einen Bedarf für eine kooperative Begleitung, die zu einer Demokratiefähigkeit führt; eine autoritäre Erziehung führt zur Diktatur, eine Laissez-faire-Erziehung führt zuerst zum Chaos und damit häufig letztlich auch zur Diktatur, weil Chaos noch schlimmer ist als diese. Die Art und die Stärke des Gestaltungsdrucks machen den Unterschied aus.

So, wie sich die Demokratie im Wechselspiel von Familie zum Staat und wieder zur Familie reproduziert, tendiert auch die Diktatur dazu, sich zu erneuern. Weil das entsprechende Erziehungssystem nicht den Willen aller brechen kann und sie so zu Untertanen macht, so stehen die, an denen das nicht gelungen ist, dem System als potentielle Tyrannen zur Verfügung. Die Bereitschaft, Führung zu übernehmen, muss auch in der Demokratie vorhanden sein; Menschen, die eine Führungsrolle unbedingt anstreben, können aber auch eine Demokratie in eine Diktatur verwandeln. Demokratie ist eine kulturelle Leistung, die bei mangelhafter Achtsamkeit leicht durch eine Diktatur überwuchert werden kann.

Bei einer mangelhaften Entwicklung der Sensibilität und der Deutung dieser Fähigkeit kann etwa der Psychoanalytiker dieses emotionale Dilemma mit der Frage „Wie geht es Ihnen wirklich?" zu korrigieren suchen; um die Seele gesund zu machen, hat die Beichte Konkurrenz bekommen. Auch die Literatur mit ihren Empfindungsmustern hilft dem Erwachsenen, seine Gefühlswelt in Ordnung zu bringen und damit eine Verbesserung seiner Wahrnehmungs- und Entscheidungsfähigkeit einzuleiten. Dazu gehört die Wahrnehmung der Gefühle der Mitmenschen als Empathie und deren richtige Deutung als soziale Intelligenz.

Ein häufiger Fehler besteht darin, dass sich die Menschen oft eher als Beobachter der Umwelt und nicht als Mitspieler fühlen. Damit können sie sich der Verantwortung entziehen, können ihr aber auch nicht gerecht werden. In einem Stauraum vor einer Engstelle in einer Straße in Berlin fand sich einmal eine Tafel: „Schimpf nicht auf den Stau, du bist der Stau!".

Aufgrund der Einflussnahme in der frühen Kindheit wird die spätere Haltung geprägt; das zeigt sich auch in der Stressbewältigung. In einer unmenschlichen Umwelt kann sich der Mensch seine Überlebensfähigkeit durch Abstumpfung allenfalls besser erhalten; Abstumpfung entwickelt sich durch willkürliche, undurchschaubare Erziehung. In einer sensiblen menschlichen Umwelt wird sich der Mensch durch und der Gesellschaft mit Sensibilität leichter tun. In einer harten Gesellschaft ist Sensibilität gefährlich; aber auch in einer solchen ist sie gesellschaftlich nützlich, wenn sie auch schwerer aufrechtzuerhalten ist. Durchschaubarkeit der Erziehung führt zur Demokratie; und Rechtssicherheit ist ein konstituierender Faktor für die Demokratie. Wären die deutschen Soldaten im Zweiten Weltkrieg nicht so abgestumpft gewesen, hätten Sie den Krieg nicht so lange durchgehalten; wären hingegen ihre Offiziere von Anfang an sensibler gewesen, hätten sie den Deutschen und der Welt diesen Krieg ersparen können.

Diktatur braucht Abstumpfung, Demokratie Sensibilität. Aus dieser These folgt auch die Erklärung der Tatsache, warum ein Ausstieg aus einer diktatorischen Gesellschaftsordnung und ein Umstieg in ein demokratisches System so schwierig sind und so langsam ablaufen. Eine Demokratie entsteht nicht nur durch eine Entscheidung, sondern vor allem durch die Bildung der psychischen Voraussetzungen, was mehrere Generationen dauern kann.

Demokratisch gesinnte Führer werden versuchen, ein autoritär gebildetes Volk in eine Demokratie zu führen; ein solches Volk oder solche Bevölkerungsanteile aber werden einem autoritären Führer freiwillig hineinfallen. Dies zeigt die langsame Demokratisierung einiger osteuropäischer Staaten.

In Österreich hat der Umbau von der Leibeigenschaft zur gelingenden Demokratie vom Ende des 18. Jahrhunderts bis 1945 gebraucht. Die erste Republik war nur formal demokratisch und nicht dem Geiste nach; der Kampf ums tägliche Brot entzweite die Bevölkerung.

In Russland etwa besteht die Diktatur und die ihr zugehörige Abstumpfung nach wie vor als individuelle und gesellschaftliche Wirklichkeit; individuelle Bemühungen sind nicht wirksam geworden; Bemühungen von oben nach unten wie Glasnost und Perestroika gab es wenige. Selbst der Kommunismus, der von Marx als eine humanistische Idee gedacht war, wurde von Stalin im Geiste der Inquisition und des zaristischen Systems – also totalitär – durchgezogen. Stalin hat Marx so missbraucht wie die Inquisition die Christuslehre. Durch Abstumpfung lässt sich eine Herrschaft fürs erste erhalten; jedenfalls fördern Diktaturen nur selten die Entstehung von Demokratien, die auf Sensibilität angewiesen sind. Es bleibt zu hoffen, dass jene Staaten, die noch nicht so weit sind, nicht so lange für die Demokratisierung brauchen wie wir.

Aber sind nun die aktuellen Demokratien sensibel genug, die anstehenden Probleme auf der Welt wahrzunehmen und stark genug, um sie zu lösen? Meine hier vertretene These, Demokratien würden demokratie-affine Bürger hervorbringen und Despotien autoritäts-affine Untertanen, halte ich für grundsätzlich richtig, wenn sich die Entwicklung in der Wirklichkeit auch nicht immer so ereignet. Es spielen auch andere Faktoren eine Rolle. Eine traditionelle Demokratie wie die in Großbritannien fällt wegen des Mangels an Kooperationsfähigkeit im Fall des Brexit auf. Vielleicht kann man sich das so erklären, dass zu viele ihrer Abgeordneten durch eine emotionale Wohlstandsverwahrlosung die für eine Demokratie notwendigen Fähigkeiten nicht erlernt haben.

2. Die historische Dimension

Heute stehen wir vor einem Problem, vor dem Kaiser Karl der Große (747 bis 814) auch schon stand; es war die menschliche Expansionstendenz. Zu seiner Zeit waren 400 Jahre lang Völker aus dem Osten nach dem Westen gewandert und standen am Atlantik an. Diese Völker brannten Wälder nieder, um ihr Getreide anzubauen. Sie betrieben Monokultur, sodass die benutzten Felder bald übernutzt waren und sie weiterziehen mussten. Und der Atlantik verhinderte die Weiterreise.

Karl kannte die römische Kultur und für die Landwirtschaft führte er deren Drei-Felder-Wirtschaft ein – eine auf Dauer ausgerichtete Feldnutzung, die bis auf weiteres die Wanderkultur unnötig machte. Damit überwand er die Lemming-Taktik: wegen „Überbevölkerung" begeben sich die Lemminge massenweise auf Wanderschaft und stürzen sich erfolgreich in Bäche und schmale Flüsse, um sie überwinden und weiterwandern zu können; wegen ihrer Kurzsichtigkeit machen sie das gleiche bei breiten Flüssen und ertrinken in ihnen.

Ohne die Umstellung der Landwirtschaft, die eine Zeit lang problemlösend wirkte, hätten sich wohl auch die Völker Europas in genozidaler Absicht und suizidaler Wirkung in permanente Kriege stürzen müssen. Erst etwas später kam es dann zu den Kreuzzügen und zum Hundertjährigen Krieg zwischen Frankreich und England, um als Nebeneffekt überzählige junge Männer zu entsorgen. Wenn junge Männer keine Aufnahme in die Gesellschaft finden, droht die Entstehung von Aggression, die sich vorerst gegen die Gesellschaft richtet; deren Verwalter sind dann oft geneigt, die Aggression zu bündeln und über die Grenzen zu schicken. Mit der Neuzeit lösten insbesondere einige Küstenvölker durch den Kolonialismus ihre Probleme; für den deutschsprachigen Raum stand dieser Weg kaum zur Verfügung. Da musste der Dreißigjährige Krieg mit seiner hohen Todesquote als „Aderlass" dienen.

Zurück zu Kaiser Karl dem Großen: Zu seiner Hilfe verwendete er die christlichen Funktionsträger als Verwaltungsorgane, die mit ihrer Himmelslehre einen mentalen Ersatz für die Wanderschaft anboten, indem er damit den Himmel als Ziel der Reise imaginierte. Auf der Reise durch das römische Reich hat sich die christliche Religionsgemeinschaft in Volk und Hierarchie gespalten und die Oberkirche, die die Standesführung für das Reich ausübte, nahm Teil an der Herrschaft, indem sie die Ansprüche des Volkes niederhielt und so den Luxus der Oberschicht ermöglichte, ohne die Natur allzu stark auszubeuten.

Nur in den steingewordenen Kirchen konnten die Untertanen den Luxus und die Pracht der Feudalherren mitgenießen. Die Petrifizierung der ursprünglichen FanGemeinde stellte sich übrigens materiell als Problem dar; der Bau des Petersdoms in Rom löste die Abspaltung der Protestanten unter Martin Luther aus. Der Wortzusammenhang von „Petrus = Stein" entbehrt wahrscheinlich einer logischen Begründung, drückt aber doch einen Zusammenhang in der Entwicklung aus. Die überteuerten Luxusbauten der französischen Könige bilden auch ein Beispiel für dieses Phänomen; sie waren eine Mitursache für die große französische Revolution des Jahres 1789.

3. Die religiöse Dimension in ihrer gesellschaftlichen Funktion

Die Menschen stellen ganz natürliche Fragen nach ihren persönlichen Chancen und Risiken; weil der Mensch als Wesen in der und für die Gemeinschaft konzipiert ist, gibt es immer auch wirkliche oder Möchtegern-Führer, die diese Fragen beantworten wollen. Als Gruppierung kommen hier die Wissenschaften, die Religionen und als politische Dimension kommen die Staaten in Frage.

Staaten und Religionen wirken oft zusammen, manchmal sind sie in Konflikt miteinander. Aber auch im Fall eines Konflikts sind sie vielfach auf die gleichen Mittel angewiesen. „Gott ist groß", „Allahu akbar" und „Amerika is great again" ist aus dem gleichen Geist geboren. Eine Abhandlung über die Demokratie ohne einen religiösen oder zumindest einen pseudoreligiösen Hinblick würde ich nicht für vollständig halten.

Religionen bestehen aus zwei Komponenten, die sie anzubieten haben: zum einen die in ihrem Rahmen gemachte historische Erfahrung, die sich im Glauben als Narrativ manifestiert und in den Menschen als Gesinnung landen sollte. Zum anderen ist es die spirituelle Technik, die in Form von Ritualen und Gebeten bzw. als Meditation die Besinnung auslösen soll und auch kann. Was für die Wissenschaft das Denken ist, ist für die Religionen die Meditation – bekannter ist vielleicht das Wort Versenkung.

Meditation bzw. Spiritualität ist ein Geisteszustand, in dem Inhalte des Unbewussten ins Bewusstsein treten und aus diesem Erleben entsprechende Wahrnehmungen entstehen und damit ganzhirnige – also sowohl emotionale als auch rationale - Entscheidungen getroffen werden können. Während des Schlafes reorganisiert sich das Gehirn und gewöhnlich treffen die beiden Gehirnfunktionen – auch beim Einschlafen und beim Aufwachen – zusammen; sie sind messbar durch das Elektroenzephalogramm (EEG). Deshalb ist es gut, schwerwiegendere Entscheidungen zu „überschlafen"; allerdings wird das Gehirn zwischen der Einnahme eines Schlafmittels und dem Wecker diese Nachtarbeit nicht leisten.

Unter anderen können auch Dauersportarten sowie militärische Einsätze sowie solche Übungen meditatives Bewusstsein initialisieren; die „Feuertaufe" als erstes Kampferlebnis eines Soldaten bringt ihm seine Sterblichkeit zum Bewusstsein und verursacht häufig eine Veränderung der Persönlichkeit; Zivilisten erleben diese Veränderung häufig erst in der Midlife-Crisis.

Wohl aus diesem Grund ist Yoga in der Kriegerkaste entstanden. Soldaten hatten immer schon Bedarf nach einer guten Resilienztechnik, also nach optimaler Stressfestigkeit sowie nach strategischen Fähigkeiten; diese besteht darin, sich in der komplexen und im Einsatz unberechenbaren Welt zurechtzufinden.

Autoritäre Systeme betreiben den umgekehrten Weg; sie nutzen Trance, um ihre Gedanken zu indoktrinieren – da kann Folter und Angstmache durchaus im Spiel sein – „Gehirnwäsche" führt aber eher zur Abstumpfung als zu sinnvollen Erkenntnissen.

Die Besinnung auf das, was ich tun will und was ich in meinem und im Interesse der Gesellschaft tun darf, ist für ein gutes Zusammenleben immer wichtig. Das Christentum setzt darauf, dass durch den Glauben Besinnung ausgelöst wird und daraus die gewünschte Gesinnung entsteht. Das Christentum und das Römische Reich deutscher Nation ergänzten einander in ihrer Sinnvorgabe (Gott und Vaterland; Altar und Thron).

Wenngleich das Wort „Erbsünde" in deutscher Sprache erst im 12. Jahrhundert, also in der Hochblüte der christlichen Gesellschaftsordnung, vorkommt, geht ihre Einführung auf Apostel Paulus und später auf den Kirchenlehrer Augustinus zurück. Obwohl sich diese These auf das Alte Testament beruft, kennen die Juden dieses Instrument, das ein Gefühl der Unvollkommenheit und einer Abhängigkeit erzeugen soll, nicht. Die grundsätzliche Einstufung des Menschen als „Mängelwesen" ist eine wirksame Voraussetzung für eine hierarchische Gesellschaftsordnung. Um Christus die Funktion als Erlöser zu geben, erklärte man den Menschen kurzweg als erlösungsbedürftig. Wenn sich eine Religion so aufstellt, nimmt sie sich als geistiges Konstrukt wichtiger als den Menschen in seiner realen Existenz. Die Christen hoffen auf Erlösung, die Buddhisten bemühen sich darum, zu erwachen.

Der Mensch ist natürlich entwicklungsbedürftig und braucht Zeit, im Schutz seiner Umgebung seine körperlichen und geistigen Fähigkeiten zu entfalten. Auf dem Yogaweg und für den Buddhismus braucht man gewöhnlich einen Meister als Begleiter; aber den Geist des Menschen gestalten zu müssen, erscheint ziemlich übergriffig.

Die christliche Lehre folgt dem System; dem Menschen nicht zuzutrauen, sich zu optimieren und aus eigenem ein gutes Selbstwertgefühl zu erreichen, sondern erlosungsbedürftig zu sein; das soll die kindliche Abhängigkeit des Menschen ein Leben lang erhalten. Mit einem solchen Bewusstsein bleiben ihm die Abhängigkeit und der Bedarf nach Gläubigkeit, auch wenn er den schützenden Schoß der Kirche verlässt. Das Anhaften an die abstrusesten Herrschaftssysteme und die erstaunlichsten Verschwörungstheorien ist eine Folge davon. So wie der Körper von innen nach außen wächst, ist es auch wahrscheinlich besser, den Geist aus seiner Urnatur von innen nach außen entwickeln zu lassen.

Das Bedürfnis, die kindliche Psyche gestalten zu wollen, taucht interessanterweise wieder in der Aufklärung auf, die zuerst einmal – jedenfalls aber nur räumlich begrenzt – die „schwarze Pädagogik" in die Welt gesetzt hat, bevor sie von der Reformpädagogik überholt wurde.

Nach der Yogalehre sollte die Rolle der Persönlichkeitsbildung sein, die Menschen anzuregen, einen individuellen Lebenssinn zu suchen und Selbstbewusstsein zu finden, die sich in Übereinstimmung mit dem Ziel der jeweiligen Gemeinschaft befindet – in Europa ist es weitgehend Demokratie. Je nach dem Menschenbild der Religion fördert sie die Natur des Menschen, die sie für ursprünglich lebens- und gesellschaftstauglich hält; oder sie will ihn nach ihrem Menschenbild formen, weil sie seine Natur als dafür ungeeignet hält. In diesem zweiten Fall reicht Erweckung nicht, es braucht Erlösung.

Die Entwicklung der Kinder ist abhängig vom Schutz durch die Eltern; das patriarchalische Denkmuster versucht, dieses Gefühl zu perpetuieren; und autoritäre Staaten erwarten von ihren Untertanen eine entsprechende Unterwerfung. Um dieses Gefühl zu erzeugen, dient oft Willkür. Idealtypisch halten sich die Bürger einer Demokratie ihren Staat als

Organisationseinheit; die Rechtssicherheit ist dafür wichtig. Welches Gefühl ist wohl für Österreich vorherrschend? Ist das Selbstbewusstsein derivativ (abhängig) oder autonom (unabhängig)? Das sind Fragen, die für die Menschenführung relevant sind.

Es gibt so viele glückliche Kinder und so viele grantige oder manchmal sogar bösartige Erwachsene. Was ist auf dem Weg passiert? Der Mensch kommt körperlich und geistig sehr unfertig auf die Welt und die Gefahr, durch Erziehung Schäden zu erleiden, ist durchaus gegeben. Wenn die Liebe der Eltern zu ihnen aber echt ist, halten die Kinder doch einiges aus. Das Glück der Kinder besteht darin, in ihrer Lebenswelt geschützt aufzuwachsen.

Mit der Pubertät und den hormonellen Umstellungen müssen oder dürfen sie ihrer neuen Lebenswelt begegnen. Wenn sie Glück haben, können sie aber ihren inneren Freiraum erhalten – für manche ist das die Religion. Ein Yogi aus Indien nannte das so: „ich habe mir vorgenommen, mich in meinem Wesen nicht von den anderen stören zu lassen". Aber das ist schon ein Schritt zur Weisheit.

Den Kinderglauben aber kann man allerdings aufgeben, denn Gott tritt nicht an die Stelle der Eltern; mit dem Gewinn von Freiheit kommt die Verantwortlichkeit. Die christlichen Kirchen sehen das meist anders; für einen politischen Text scheint meine Erklärung allerdings relevanter zu sein.

Es muss nicht darauf ankommen, sein Leben mit Abenteuern zu füllen, sondern es durch Intensivität zu bereichern – also achtsam durchs Leben zu gehen. Das Glück der alten Menschen ist, weise zu werden und zumindest die Erziehungs- und die weiteren Erlebnisschäden (etwa PTBS =

posttraumatische Belastungsstörung) überwunden zu haben. Dann können sie auch beruhigt in den Tod oder in die Demenz gehen; sie werden dann auch weniger an ihrer Pflege leiden und auch weniger lästige Pflegefälle werden.

Erfahrungsgemäß lösen sich diese Menschen leichter vom Leben, die weder sich selber noch den anderen gegenüber etwas schuldig geblieben sind. Wer satt ist, steht leichter vom Tisch auf als der, der noch hungrig ist. Problemfälle sind Kinder, die sterben wollen, und alte Menschen, die sich vor dem Tod fürchten.

Ich halte die Beschäftigung mit den Religionen in Theorie und Praxis für sehr hilfreich, um zum eigenen Lebensglück zu kommen. Ohne die Erfahrungen vieler Generationen wäre es uns wahrscheinlich unmöglich, die Welt zu verstehen. Weisheit ist das Ergebnis der Wahrnehmung der äußeren Natur und seiner inneren Natur, also eine Wahrnehmung des Geschehens in seinem Gehirn. Ich verdanke der Tätigkeit als Ministrant in meiner Kindheit eine entsprechende Vorerfahrung für die Erlernung der Meditation in meiner Yoga-Schule in Indien.

Der große Aufwand, den man treiben muss, um so weise zu werden, wie die als große Meister verehrten Yogis in Indien, ergibt sich aus der Erfahrung. Sie haben lange Meditationen hinter sich. Einem buddhistischen Mönch ist aufgefallen, dass – sieht man von einigen Ausnahmetalenten ab – für Spitzenleistungen in Kunst, Sport und Wissenschaft sowie in Spiritualität eine Praxiszeit von 15.000 Stunden notwendig ist.

Für meinen Guru waren dreistündige Meditationen nichts Besonderes, für seine langen Meditationen – er erzählte von einer Zeit von bis zu 12 Tagen –, musste er sich allerdings besonders vorbereiten. In seiner Gegenwart brachte ich es auf einige einstündige Versenkungen; normalerweise bin ich über Zeiten von ein paar Minuten schon froh.

Ein Meister geht in sein Unbewusstes wie der Hausherr in den Keller, dreht das Licht auf und sucht sich zusammen, was er gerade braucht. Gerade auch bei der Erstellung dieses Textes merke ich, dass ich ziemlich im Dunklen herumtappe und nur wie im Strahl einer Taschenlampe die brauchbaren Gedanken und die notwendigen Empfindungen zusammensuchen muss.

Glücklich bin ich über ein Meditationserlebnis an der Südküste der Insel Kreta, das mich an eine Bibelstelle erinnert. Christus wurde vom Teufel aufgefordert, von einem Felsen zu springen; die Engel würden ihn sanft auffangen und ihn unversehrt zu Boden bringen. Wenn Leute dieses Erlebnis unter Einfluss von Drogen haben, springen sie oft tatsächlich.

In der Meditation nimmt man wahr, dass das Schweregefühl ausgeschaltet ist und man diese Sondersituation genießt; ich bin auf dem Mauervorsprung der Ruine sitzen geblieben, obwohl ich das Gefühl hatte, ohne weiteres zu den am Strand spielenden Kindern hinunterschweben zu können. Auf der Schwelle, an der sich Stimmung zu Glauben verhärtet, ist ein Faktencheck geboten, weil Glauben handlungsrelevant werden kann.

Das Gefühl der Schwerelosigkeit ist wie die Erinnerung an das Nicht-Sein auch eine Erfahrung des Nahtod-Spektrums und nimmt oder reduziert die Angst vor dem Tod. Seit ich um die Erfahrungsgemeinschaft weiß, nehme ich die Bruderschaft Christi, die er den Menschen bietet, gerne an. Die Erfahrung des Unbewussten unterscheidet sich durchaus von der gewöhnlichen Erfahrung; wenn man sich aber da öfter einfindet, wird sie einem vertraut und man kann religiöse Texte mit anderen Augen lesen.

So erscheinen die Darstellungen des auferstandenen Christus in einem anderen Licht, etwa wie im Nebel, das deutet auf Meditationsbilder hin. Die Berichte über den auferstandenen Jesus enthalten meistens einen Hinweis auf eine metaphysische Dimension seiner Erscheinungen; er kommt etwa trotz verschlossener Türen in den Abendmahlsaal oder er verschwindet einfach aus der Gemeinschaft mit den zwei Jüngern in Emmaus.

Die Deutung Christi als Inkarnation Gottes ist nach dem Religionsverständnis Indiens durchaus möglich; für viele Inder ist eine solche Deutung auch selbstverständlich. Nach dem Buddhismus erreichen die Menschen auf ihrer höchsten Entwicklungsstufe die Buddha-Natur. Für die Christen, die die Gottesnatur eines Menschen für einmalig halten, ist ein Verständnis dafür schwierig, vielleicht sogar unmöglich. Als Anhänger einer Glaubenskultur sind ihnen nicht alle religiösen Interpretationsmöglichkeiten offen.

4. Individuum und Gesellschaft

Das Wechselspiel zwischen Individuum und Staat bzw. Reich zeigte und zeigt viele Möglichkeiten: es reicht von Diskriminierungen oder Überhöhungen Einzelner bis zu Überschätzung oder Verachtung des Gemeinwesens.

Wahlsprüche und Hymnen versuchen auf mancherlei Art, das gesellschaftliche Selbstbewusstsein zu modellieren; und manchmal stimmen Volksmeinung und Selbstbeschreibung des Staates überein. Ob das eine das andere modelliert hat oder ob es umgekehrt ist, kann höchstens im Einzelfall festgestellt werden.

Normalerweise sind Volks- und Staatsmythen natürlich großartig; manchmal ist es anders. So gab es unmittelbar nach dem Zweiten Weltkrieg in Österreich eine Volkshymne, die den Zustand durch Persiflage – also durch schwarzen Humor – erträglich zu machen suchte: „Land der Erbsen, Land der Bohnen, Land der vier Besatzungszonen, Land der vielen, vielen Fremden, die uns ausziehen bis auf die Hemden …" Notfallsprüche können in der jeweiligen Situation hilfreich sein; wenn sie bleiben, können sie aber auch negativ wirken. Bewusstsein und Sein sind interdependent.

Mit der Wahl der aktuellen Bundeshymne hat Österreich gewiss Glück gehabt; sie spricht sowohl das Land als auch die Leute positiv an und verzichtet auf Präpotenz. Für den individuellen Bereich wirken nach verbreiteter Meinung gute Lebensziele positiv; ob es eine Analogie zu Staatszielen gibt, könnte nur eine Untersuchung ergeben. Wenn es so wäre, würde Serbien mit seiner Berufung auf die verlorene Schlacht am Amselfeld gegen die Osmanen (1389) ein schlechtes Motiv gewählt haben. Und auch die Hymne „noch ist Polen nicht verloren" ist nicht gerade aufmunternd.

Schwer nur zu ertragende Zustände kann man auch durch etwas überzogene Behauptungen verkraftbar machen; so kolportierte Hitler die Vorstellung, dass er und das vom Ersten Weltkrieg traumatisierte deutsche Volk von der Vorsehung ausersehen sei. Als Plagiat übernahm er die jüdische Vorstellung der Auserwähltheit; er strebte an, was er diesen vorwarf, nämlich Weltherrschaft. Das Plagiat hat zwar gegriffen, hat sich aber nicht bewährt.

Die auf Individualismus, Gerechtigkeit und Frieden aufzubauende Demokratie überlässt den Bürgern die Sinnfindung und muss ihnen auch die Fähigkeit, ein der Realität entsprechendes Selbstbewusstsein zu entwickeln, zutrauen; die Staatsführung kann aber doch etliches beitragen, Stärken und Schwächen und allenfalls notwendigen Veränderungsbedarf gemeinsam mit den Bürgern auszumachen.

Die Zeit der überheblichen Herrscher und der sich minderwertig fühlenden Untertanen sollte mit der Reichsidee untergegangen sein und dem Selbstbewusstsein der demokratischen Bürger Raum geben. Wenn sich eine gesellschaftsprägende Einheit wie eine Religion totalitaristisch aufstellt, so werden sich auch die anderen gesellschaftlichen Einheiten wie die Familien oder der Staat totalitär zu organisieren suchen.

Dabei werden die Inhalte an sich durchaus modifiziert. Die Kinder machen nicht immer das, was die Eltern sagen; sie machen aber oft das nach, wie die Eltern sind. Mit der Übertragung durch die Religion ist es ähnlich: wir essen entgegen dem Alten Testament Schweinefleisch und halten es entgegen der Bergpredigt nach dem Neuen Testament mit der Aufnahme der Fremden nicht so genau; sehr haltbar allerdings ist der Modus der Religion, die absolute Wahrheit Gottes zu vertreten und damit immer recht zu haben.

In der postchristlichen Gesellschaft ist diese Haltung noch spürbar und in den christlichen Kirchen ist sie noch weit verbreitet, wenn die katholische Kirche sie auch offiziell abgemildert hat (siehe später). Im Islam schafft sie noch schwerwiegende innere und äußere Spannungen.

Wenn der Mensch seinen spirituell geladenen Wesenskern mit einer rauen Schale umgibt, stellt das ein Problem für das Zusammenleben dar. Wenn sich ein sanftes Gemüt einer geforderten Härte stellen soll, hilft der Spruch: „Wo gehobelt wird, fliegen Späne!" Manche leiden darunter, wenn ihr Amt mehr Härte verlangt, als sie geben wollen; es besteht aber auch die Gefahr, dass Sensibilität kippt und zu Grausamkeit pervertiert. Wichtig sind starke Persönlichkeiten, denen das Wesen der Demokratie vertraut ist und die sich für sie einsetzen.

5. Die Aufklärung

Einem aufgeklärten Menschen ist ein religiöser Inhalt kaum und auch nicht der volle christliche Glauben zu vermitteln; Auf dem Weg des religiösen Respektverlusts ist allerdings auch der Respekt und die Angst vor der Natur, die stärker ist, als es die Menschen sein können, untergegangen und muss erst mühsam wieder hergestellt werden. „Gottes Mühlen mahlen langsam, aber sicher", hieß es früher; und die Natur ist auch nicht schnell genug in ihren Reaktionen, um gleich auf jeden menschlichen Missgriff zu reagieren.

Das Christentum erzeugt mit Himmel und Hölle ein verzerrtes Weltbild und hat seine spirituellen Techniken nur für den Fall der Akzeptanz seines Glaubensinhaltes entwickelt; in der Aufklärung ist die Spiritualität als Technik zur Bewusstseinserweiterung und damit zur Förderung der Sensibilität als nützliche geistige Disziplin kaum entwickelt worden; weder der räumliche noch der zeitliche Horizont sind mit den Handlungspotentialen von Wissenschaft und Technik mitgewachsen. Damit sind wir im christlichen Abendland so lange auf geistige Importe angewiesen, bis sich hier ein entsprechendes Bewusstsein entwickeln wird. So lange müssen wir mit dem Mangel leben und den nachfolgenden Generationen die Verantwortung schuldig bleiben.

Der Umgang mit der Welt als Heimat nicht nur für die aktuelle Menschheit, sondern auch für die Folgegenerationen lässt zu wünschen übrig. Die aktuellen Generationen leben, als ob sie die letzten wären; und die Natur reagiert in diesem Sinn! Die letzten 5 Generationen verbrennen die Kohle, die in 50 Millionen Jahren entstanden ist (das Erdzeitalter Carbon dauerte von 350 bis 300 Millionen Jahre vor unserer Zeit); kein Wunder, dass da die Natur sauer reagiert. Es geht um die grundsätzliche Fähigkeit der Menschen, die aktuellen Probleme zu lösen, und nicht darum, Lösungen für historische Probleme vorgesetzt zu bekommen.

Gläubigkeit, die auf einem konkreten Weltbild beruht, bindet; Weisheit macht frei. Wissen und Gedanken, die nicht auf der Bindung an die Welt beruhen, sind nicht weise, sondern illusionär. Die rasche Veränderung der Umstände auf der Welt braucht Gedankenfreiheit; die alten Rezepte des Zusammenlebens der Menschen sind überholt oder beantworten die aktuellen Fragen nicht mehr. Wenn auch die Welt durch eine unverantwortlich genutzte Freiheit zum gegenwärtigen Schlamassel geführt hat, so gibt es doch keine andere Wahl, als die Freiheit des Geistes in den Dienst der Lösung oder Milderung des Desasters zu stellen.

Der Jesuit Karl Rahner (1904 bis 1984) war einer der profiliertesten Theologen der neueren Zeit; er war Motor der Modernisierung der katholischen Kirche im Zweiten Vatikanischen Konzil. Für mich ist er trotzdem ein gutes Beispiel für Glaubensbindung; diese Glaubensbindung beruht auf der Selbsteinschätzung der christlichen Religion, sie sei von Gott geoffenbart worden. Er käme mit dem Gedanken, dass ein barmherziger Gott so viel Ungerechtigkeit wie den Holocaust zulasse, nicht zurecht und er wolle (nach seinen Worten) das Problem als erste Frage nach seiner Ankunft im Himmel an Gott stellen. Im Unterschied zum Gläubigen hat ein Weiser die Möglichkeit, seinen eigenen Standpunkt zu hinterfragen.

Nur wenn Gott nur eine Minderheit vertritt, kann diese ihren Gott auf Gerechtigkeit oder Barmherzigkeit ansprechen;

wenn aber nach dem eigenen Weltbild Gott als Symbol für die ganze Welt und den Kosmos zuständig ist – demnach auch für Fuchs und Hase –, verliert der Anspruch seinen Sinn. Dieser Gott kann höchstens für das Funktionieren dieses Systems als zuständig erklärt werden und die Theodizee-Frage stellt sich nicht. Die von Zeit zu Zeit auftretenden Epidemien könnte man jedenfalls als Versuch der Natur ansehen, das Leben auf der Welt zu harmonisieren.

Die Verwendung des Begriffes „Gott" weist auf eine Möglichkeit des abstrakten Denkens hin, nämlich auf die Wirklichkeit eines Teamgeists oder die Corporate Identity in der Gesellschaft, in der sich die jeweiligen Menschen fühlen. Als Logo dieser Denkheimat werden entsprechende Zeichen verwendet, Kreuz oder Halbmond sind weit verbreitet. Eine Darstellung des Logo nach dem Menschenbild wird in manchen Religionen als problematisch gesehen; sie wäre eine Verengung dessen, was gemeint ist. Die Wahrnehmung und die Bildung des „Gemeinschaftsgeistes" erwächst aus der Abstraktionsfähigkeit des menschlichen Gehirns.

Der Horizont, der die Gefühls- und Denkwelt umschließt, bildet eben den Raum der Gesellschaft, die man haben will und der man sich bestenfalls verpflichtet fühlt. Angesichts der Problemlage in der Welt wäre ein weiter Horizont wünschenswert. Global handeln und regional denken kann nur zur Katastrophe führen. Die Mühe, die Weltanschauungen und ihre Gottesvorstellungen zu verstehen, läuft auf Verständnis dieser Situation hinaus.

Karl Rahner zeigte diesen weiten Horizont in einer Offenheit, die aus der Weisheit des Alters zu kommen scheint. In einem Symposion des Instituts für Südost-Asien (Universität Wien, etwa 1985), das über das Verhältnis von Christentum und Hinduismus gehandelt hat, sagte er: „Es möge mich der Blitzstrahl des Banns nicht treffen aber zwischen den beiden besteht wahrscheinlich gar kein Unterschied". Einige seiner jungen Mitbrüder in den hinteren Sitzreihen murrten und einer von ihnen sagte: „Das könne man so nicht sagen!" Eine Aufzeichnung wird sich sicher noch im Archiv des Instituts befinden.

Die Vorstellungskraft des Menschen ist eine wichtige Voraussetzung für ein optimales Leben – „Denken ist Probehandeln im Kopf!" Das Theater und seine Wirkkraft beruhen auf der Vorstellungskraft der Schauspieler; die Wissenschaft und ihr Fortschritt ist ohne Fantasie der Forscher nicht denkbar und auch Yoga verwendet viele Vorstellungsbilder als psychotherapeutische Instrumente auf dem Weg zur angestrebten Weisheit. Wenn sich aber diese Vorstellungen im Faktencheck nicht bewahrheiten, führen sie in die Einbildung und an die Schwelle der Psychiatrie.

Die Aufklärung als geistige Disziplin hat den Prozess des religiösen Glaubens, dem die Kirchen Vorrang vor der Rationalität gegeben haben, fragwürdig gemacht. Die christliche Religion hat ein Problem mit der „Erkenntnis", da der Verzehr der Frucht des Baumes der Erkenntnis an der Vertreibung aus dem Paradies schuld war.

Obwohl diese Erzählung aus der jüdischen Bibel stammt, nahmen die Juden diese Passage aus ihrem Buch nicht so ernst. Die Juden trieben die intellektuelle Bildung allerdings auch nur für die Buben – durchs Mittelalter und in die Neuzeit herein – sehr ernsthaft. Eine gewisse Erkenntnishemmung bei den Christen bei gleichzeitiger Erkenntnisfreiheit bei den Juden und die daraus entstehenden Nachteile bei der Mehrheit der Bevölkerung könnte ein Grund für die Judenaversion gewesen sein – Eifersucht ist immerhin ein starkes Motiv für Hass.

Das Christentum mit seiner Lehre von der Erbsünde zeigt ein gespaltenes Verhältnis zur Erkenntnisfähigkeit, die die Bedingung für die Aufnahme im Himmel ist; Tiere haben nach der verbreiteten Lehre keinen Zugang dorthin. Andererseits war die Befriedigung des Erkenntnisbedürfnisses der Menschen die Ursache für die Vertreibung aus dem Paradies.

Die Verfolgung der Astronomen im 16. und 17. Jahrhundert (etwa Gaetano Bruno und Galileo Galilei) durch die Inquisition führte zu einem Vertrauensverlust in die Kirche; auf Grund der historischen Last tat sie sich in der Folgezeit schwer, für einer explodierende Wissensentwicklung ein weises Korrektiv zu werden. Es gibt nicht nur den industriell-militärischen Komplex, den der frühere amerikanische Präsident Eisenhower problematisch nannte; sondern auch der Komplex von Wissenschaft und Wirtschaft ist aus den Ufern eines vertretbaren gesellschaftlichen Verhaltens geraten.

So ist auch das, was als „rational" bewertet wird, oft nur auf einem niederen Niveau; das traf etwa die sogenannte „Rationalisierung" als Ersatz menschlicher Arbeit durch Maschinen. Die Wirtschaftswissenschaft bleib mit der „Rationalisierung" hinter der Rationalität zurück; nur die gewünschten Folgen und nicht auch die negativen Nebenwirkungen zu berechnen, ist schwach (siehe später). Dass die Kirche die Schwächen des eigenen Systems kaum bemerkt hat, ist menschlich verständlich; dass sie sich aber so weit von der Philosophie entfernt hat, dass ihr die Pseudorationalität in der Welt nicht aufgefallen ist, ist peinlich. Der Einsatz linearer Rationalität zur Lösung komplexer Sachverhalte verschleudert eine menschliche Qualität unter ihrem Wert.

Das geozentrische Modell der Kirche hat naturwissenschaftlich versagt. Und in dem, was man heute kognitive Wissenschaft nennt, hatte sie ein einfaches Modell. Sie gab vor,
zu wissen, wie sich Gott die Menschen wünscht. Die Gläubigen brauchten nach dem Beichtspiegel nur angeben, in-
wiefern sie diesem Bild nicht entsprachen. Nach der Auf-
schrift „Gnothi seauton" (erkenne dich selbst) im Tempel
des Apollon in Delphi versuchte die griechische Philosophie, die Sache der Identität des Menschen vorsichtiger an-
zugehen; die Yoga-Bewegung macht die Selbsterkenntnis
sogar zu ihrem zentralen Thema.

Die Kirche stellte und stellt Gott in das Zentrum ihrer Verkündigung. In der Bibel wird verlangt, sich kein Bild von ihm zu
machen, sodass die Beziehung zu ihm nur in der Gefühls-
sphäre, also im eigenen Körper, stattfinden kann; dafür ist
Sensibilität notwendig und damit könnte sich auch das innere Maßsystem, das sowohl nach dem eigenen Glück strebt
als auch der sozialen Verantwortung Raum gibt, entwickeln.

Weil das offensichtlich gefehlt hat, ist es zu dem erstaunli-
chen Phänomen mit dem Namen „selbsterfüllende Prophe-
tie" gekommen. Die Erkenntnisexplosion gefährdet durch
ihre Schattenseiten (etwa Klimaerwärmung, Meeresver-
schmutzung und Plünderung der Bodenschätze) den Lebensraum des Menschen; diese Art von Erkenntnis könnte
leicht zur „Vertreibung aus dem Paradies" führen. Hat nun
die Bibel doch Recht? Indem die Kirche mit ihrer Erkennt-
nisaversion die intellektuelle Entwicklung nur sehr zögerlich
und unwillig mitgetragen hat, war sie kein Gesprächspartner
für die Wissenschaft und wurde vom Fortschritt überrollt.

Ähnlich wie der Kirche in der Vergangenheit geht es der
Politik in der Gegenwart. Durch ihre Ideologiebindung sieht

sie das Offensichtliche nur mit großer Verzögerung – die Hippies erkannten schon vor 50 Jahren, dass der aktuelle Lebensstil weder für die Menschen noch für die Welt gut ist. In den Diktaturen werden die „Humansensoren" gewöhnlich entsorgt; aber auch in Westeuropa geriet eine bedenkenswerte Idee ins Räderwerk der Gewalt. Es geht um die Rote Armee Fraktion (RAF); sie war eine Splittergruppe der 68er-Bewegung.

Wikipedia beschreibt den auslösenden Gedanken in einem kleinen Absatz, für die resultierende Gewalt braucht es hundert Seiten. Manche jungen Leute erkannten, dass die Ideologie des Nationalsozialismus und ihr imperialer Anspruch ein großes Unglück ausgelöst hatte; sie erkannten aber auch, dass die Vereinigten Staaten von Amerika aktuell in Vietnam den Kapitalismus verteidigen und hielten das für Imperialismus. Aus heutigem Wissen ist die moderne Wirtschaft ohnedies Wahnsinn und ihre Verbreitung ein Unglück. Hätte die Politik versucht, die ursprüngliche Forderung der RAF, die auf Verbesserung der Arbeitsbedingungen gerichtet war, zu verstehen, und nicht nur auf die Gewalt zu reagieren, wäre die weitere Entwicklung weniger fehlerhaft abgelaufen.

Die Kirche nimmt Gott in das Zentrum ihrer Verkündigung, obwohl ihre Vertreter nur eine Vorstellung von ihm haben können, indem sie an die biblische Offenbarung glauben. Jemandem zu glauben, ist gut als Impuls, ein hartnäckiger Glaube allerdings erzeugt eine Scheinsicherheit, die für den, der sich im Raum der Unsichtbarkeit bewegt, ziemlich gefährlich ist. Meine physische Blindheit weist mich täglich auf diese Tatsache hin; und so bin ich angeregt, diese Erfahrung auch in meine philosophischen Gedanken einzubringen. Es ist wichtig, sich stets aktuell zu orientieren und dafür seine eigenen Fähigkeiten zu fördern.

Ich weiß nicht mehr von der unsichtbaren Welt als alle anderen, ich bin aber mehr geübt darin, mich in ihr zu bewegen.

Das innere Maßsystem, das sowohl nach dem eigenen Glück strebt als auch der sozialen Verantwortung Raum gibt, hat sich in unserer Kultur nicht ausreichend entwickelt. Diese Diagnose fordert auf, die Ursache zu erforschen und eine Therapie zu entwickeln.

In der Aufklärung ist Skepsis die ständige Begleiterin der Wissenschaft geworden; und diese ist in ihren vielen Disziplinen enorm erfolgreich. Aber, wie es scheint, vernachlässigt die Aufklärung die Besinnung auf den gesellschaftlichen Grundwert: die Berücksichtigung der Lebensinteressen der zukünftigen Generationen. Die Erforschung der Zukunft ist viel zu spät wissenschaftliche Disziplin geworden.

Mit dem Scheitern des materiellen Weltbildes der christlichen Religion in der Neuzeit ist auch die Reputation der kirchlichen Hierarchie in sozialen Fragen in Misskredit gekommen; trotzdem hat die Kirche ihrem Glauben mehr geglaubt als dem Geist Christi nachzuspüren und danach zu handeln. Nicht Wortgläubigkeit ist geboten, sondern Sinnerfassung.

Die jüdische Weisheit, die in den beiden Bibeln zu finden ist, wurde bald nach dem Tod Christi für seine Kirche auf Gläubigkeit reduziert; ab da war Heiligkeit wichtig. Für die katholische Kirche ist ihre Gründung auf dem Felsen (Fels = Petrus) wichtig; für die spätere „Petrifizierung" (= Versteinerung) hat allerdings Paulus ursächlich beigetragen. Die weitgehende Verpflichtung, beide Bibeln als Wort Gottes als Glaubensgut anzunehmen, schmälert das Vertrauen in sie – manche ihrer Selbstverständlichkeiten wie die Sklaverei im Alten Testament haben sich überholt.

Das Wort „christliche Weisheit" ist nicht im Sprachgebrauch; man spricht von den „Weisen aus dem Morgenland" und neben der rabbinischen Weisheit von indischer, chinesischer, japanischer und einer indianischen Weisheit; die Kirche hat sich mit Heiligkeit begnügt.

Eine Demokratie braucht den Versuch vieler ihrer Bürger, sich um eine generelle Kompetenz zu bemühen und sich nicht mit Spezialisierung zu begnügen. Lernt man die Symbolsprache, dann bieten die zwei Bibeln einen reichen Schatz. Ein weiser Lehrer lehrt die Kunst des Lebens und nicht den Gehorsam. Mit der Aufklärung ist der Kampf der Demokratie eingeleitet worden, er ist aber noch nicht gewonnen; es fehlt die Verantwortlichkeit; sie ist im Großen und Ganzen der Entwicklung, die aus der Aufklärung entstanden ist, fremd geblieben.

6. Wissenschaft und Technik

Die Frage nach dem „warum", die für die Wissenschaft wichtig ist, und die Frage nach dem „wie", die für die Technik die Basis herstellt, sind leider wichtiger geworden als die Frage nach dem „wozu", die die Grundfrage der Selbstorganisation des Menschen und des Zusammenlebens der Menschen wäre. Der Glaube an die Problemlösungsfähigkeit der Technik beeinflusst unser Verhalten weit stärker als die Sicht auf die Optimierung des Lebens und die möglichen Gefahren des Fortschritts.

Seit hundert Jahren erzeugen die Menschen Plastik – nun stellt sich heraus, dass Fische massenweise daran verhungern und ersticken. Als eines der nächsten Fortschrittsziele gilt die Einführung der 5GTechnik des Internets; deren vielfältigere Nutzung einen enormen Energiemehrverbrauch auslösen würde. Das aktuelle Internet braucht schon so viel Energie wie der Flugverkehr. Dabei ist die Deckung mit Alternativenergie, also von CO_2neutraler Herstellung erst am Anfang – in Deutschland etwa erst bei 13 Prozent. Sind wir der Utopie des autonomen Verkehrs oder der Utopie eines verantwortungsbewussten Umgangs mit der Welt näher? Wie steht es mit der geistigen Ausstattung des Menschen?

Jede konkrete Entwicklung braucht ihre geistige Reaktion, um sie vor allfälligen schädlichen Nebenwirkungen zu entlasten. Ein Kutscher konnte sich im letzten Wirtshaus seiner Fahrt betrinken, denn der Ochse brachte ihn einigermaßen sicher nach Hause; der Autofahrer muss bis zum letzten Meter seiner Fahrt reaktionssicher bleiben. Dafür gibt es gesellschaftlichen Konsens und nur noch individuelle Umsetzungsschwierigkeiten. Für eine notwendig gewordene Reaktion auf die technische Entwicklung gibt es noch nicht einmal einen gesellschaftlichen Konsens, geschweige denn praktische Umsetzungen. Dass die aktuell lebenden Menschen aus dem gleichen Geist heraus leben wie die früheren, taugt weder als Rechtfertigung noch als Entschuldigung; es stellt ein aktuelles Problem dar.

Die jeweils dominante Überlebenstechnik, also die Politik, lässt sich nach den Wörtern „kämpfen, denken und fühlen" darstellen. Nach der Reichsidee überlebt der am besten, der gut zu kämpfen weiß, also der Stärkste. Auf der Zwischenstufe, auf der wir uns heute befinden, ist als ein Ergebnis der Aufklärung das Denken angesagt und der Schlaueste lebt materiell am besten. Auf der dritten Stufe, nämlich der demokratischen, die auch von der Aufklärung initialisiert, aber nicht vollzogen worden ist, hat nur eine Menschheit Platz, die sensibel genug ist, miteinander und mit der Natur gut auszukommen.

Auf meiner Suche, eine Therapie für die Heilung des notleidenden Ökosystems zu finden, frage ich öfters Gesprächspartner, ob wohl die Aufklärung schuld an diesen Verhältnissen wäre. Das stößt auf wenig Zustimmung. Die Aufklärung ist eine für die Neuzeit wichtige Kulturtechnik; sie ist ein Prozess, der das Denken im Zentrum hat – und wer wäre schon gegen das Denken. Manche verweisen auf den Satz „machet euch die Erde untertan" aus der jüdisch-christlichen Tradition. Aber das ist eine unfaire Schuldzuweisung, denn eine Bewegung, die den ganzen mythischen, der Sensibilität zuzuordnenden Bereich, aus der eine Religion besteht, negiert, braucht nicht einen Satz aus dieser Sphäre für die eigene Rechtfertigung herzunehmen. Die „Aufklärung" hat bisher keine ihrer gemäße Ethik entwickelt; die christliche ist ihr nicht gewachsen.

Es muss eine Ursache geben, dass im christlichen Abendland eine naturwissenschaftlich-technische Zivilisation entstanden ist, die keinesfalls den gesellschaftlichen Ansprüchen genügt. Weder die Übernahme dieser Zivilisation durch andere Gesellschaften kann eigentlich gewünscht sein und sie taugt auch nicht für die Weiterführung durch die eigenen Nachfolge-Generationen. Diese Zivilisation ist wie ein Auto, das ohne Bremseinrichtung auf den Markt gekommen ist; es fehlt ihr die Sensibilität für gesellschaftliche Einsichten und Notwendigkeiten.

Der Mensch ist als Gemeinschaftswesen (Zoon politicon) angelegt. Das Bedürfnis, Gemeinschaft zu leben, befindet sich demnach im Unbewussten; das Wesen der Religion ist, aus dem Unbewussten zu schöpfen und darauf zu reflektieren. Die Auseinandersetzung mit den Religionen scheint mir wichtig zu sein, um aus dem gegenwärtigen Schlamassel herauszukommen. Vielleicht hilft es auch, durch Förderung des abstrakten Denkens die Wertediskussion voranzubringen. Wollen wir wirklich so leben, wie wir leben?

7. Die Fähigkeit zur Abstraktion

So wie das Kind im zweiten Lebensjahr die Fähigkeit zum IchBewusstsein gewinnt entwickelt sich mit etwa 5 Jahren die Fähigkeit zum abstrakten Denken. Das ist daran zu erkennen, dass das Kind nicht nur konkrete Tatsachen wahrnimmt, sondern auch an Geister und Gespenster wahrzunehmen beginnt. Der „Erlkönig mit Kron' und Schweif" manifestiert die Angst des Kindes im Bewusstsein; die Wahrnehmung im Außen ist ein eigenartiger Trick der Natur. Auch entspricht es Kindern, sich den Wald mit Feen und Zwergen belebt vorzustellen; wenn daraus im Erwachsenen eine Beziehung zur Wesenhaftigkeit des Waldes entsteht, ist ein wichtiger Schritt zur Ökologisierung des Bewusstseins gemacht worden.

Man kann, muss aber nicht beim Gespensterglauben bleiben; es öffnet sich damit vielmehr ein weiter geistiger Raum, der aus dem Unbewussten schöpft. Je nach der kulturellen Modifikation entstehen Götter oder Dämonen. Und nach dem rationalen Einfluss wird eine empfundene Kraft zu einem Gott hochstilisiert oder nur als Kraft oder System empfunden. Wenn Menschen glauben, nur an einen allmächtigen Gott zu glauben, und nicht merken, dass der allmächtige Gott der anderen der gleiche sein muss wie der eigene Gott, haben sie nicht verstanden, was sie glauben; höchste Erkenntnis ist, eine Ahnung zu haben von dem System, das alles ist. In dieser Ahnung könnten sich die Menschen aus Religion und Wissenschaft treffen.

So wie die Mathematik nicht mit der Kenntnis des Einmaleins aufhört, aber damit beginnt, erschließt die Abstraktionsfähigkeit den Menschen neben Kunst und Humor, neben Spiritualität und Romantik auch die Intellektualität sowie die Kunst der Strategie und die Mathematik; für die letztere ist die viel bekrittelte Mengenlehre ein bekanntes Beispiel. Das ist die Geschichte mit dem Schulbus, aus dem mehr Kinder aussteigen als drinnen sind. Und dann wird noch die Frage gestellt, wie viele einsteigen müssen, damit keines drinnen ist. Das Beispiel zeigt, dass Mathematik zwar das Zählen und Rechnen braucht, aber darüber hinausgeht.

Die Fähigkeit zur Abstraktion ist die Möglichkeit, auf eine bestimmte Art zu denken; dieses Denken ist begleitet von einer besonderen Stimmung, die einen oder mehrere dieser vorhin genannten sieben Räume mit ihren jeweiligen Wissensinhalten über einen engen räumlichen und zeitlichen Horizont hinausdurchflutet; in der Kunst redet man von Flow; es ist auch die Freude der Erkenntnis, wenn mehrere Gedanken zu einem neuen Wissen zusammenfließen.

Für die Qualität der sensorischen Wahrnehmung und für die Rationalität, die sich weithin im Spektrum des Bewusstseins abspielen, ist eine Harmonie im Unbewussten günstig. Daher sind insbesondere die Spannungen Hass, Gier und Egoismus sozial schädlich; allerdings passiert es auch oft, dass gerade diese Eigenschaften ursächlich für persönliche Erfolge sind.

Neben spontanen Ereignissen gibt es auch psychologische und psychiatrische sowie religiöse Zugänge zum unbewussten, um dort die Lage zu harmonisieren. Spiritualität ist so wie die anderen sechs mentalen Fähigkeiten das Ergebnis der natürlichen Disposition; sie unterscheidet sich nur von den anderen dadurch, dass sie das eigene Bewusstsein und damit das Gewissen zum Objekt der Betrachtung macht. Ist man in dieser Stimmung, so spürt man das auch meistens; fehlt dieses Gefühl und will man es trotzdem vermitteln, so wird Kunst zu Kitsch, eine Predigt wird salbungsvoll und eine politische Rede wird pathetisch.

Das Problem der Naturwissenschaft ist, dass sie Exaktheit anstrebt und viele ihrer Vertreter die Impulse aus dem Unbewussten negieren. Die Informationen aus dem Unbewussten sind entweder diffus; und wenn sie individuell auch als exakt erscheinen, sind sie nicht leicht überprüfbar. Dass viele ihrer Aussagen in ziemlich allen Gesellschaften gleich sind, ist zwar ein Indiz, aber kaum ein Beweis für die Richtigkeit. Die Bedeutung der Impulse aus dem Unbewussten für die Entscheidungen macht aber die Beschäftigung mit dem Unbewussten auch für Philosophie und Naturwissenschaft dringend erforderlich. Die Vernachlässigung dieser Aufgabe scheint die Ursache des Dilemmas zu sein, in der sich unsere Kultur befindet. Die Drillingsschwestern Mystik, Romantik und Spiritualität sind wichtige Vermittler zwischen Bewusstsein und Unbewusstem. Gemeinsam mit der Rationalität können sie Lebensqualität hervorbringen; die Rationalität ohne sie hat nur den Lebensstandard wachsen lassen. Die Welt ist mehr als bloße Rohstoffquelle; das zu empfinden, fehlt unserer Kultur.

Es gibt viele in unserer Kultur, die den Islam wegen seiner Nebenwirkungen kritisieren; dabei sollte man nicht übersehen, dass in der Nachbarschaft des Christentums die westliche Kultur entstanden ist, ohne dass die Religion die Abbiegung dieser Kultur in die suizidale Sackgasse verhindern hat können. Kulturen, deren Repräsentanten die Fähigkeit zur Autoreflexion oder zur rekursiven Schau nicht nützen, tun sich schwer mit dem Gang in die Zukunft.

Dabei steht die Selbstreflexion nicht nur den Gesellschaften zur Verfügung, sondern auch den individuellen Menschen, die heutzutage sogar hochtechnische Instrumente nützen können. Das EEG (Elektroenzephalogramm) zeigt die Gehirnströme, die den Bewusstseinszuständen entsprechen. Im Schlaf werden Delta-, Eta- und Theta-Wellen im Frequenzbereich von 0,5 bis 7 Hertz erzeugt. Der entspannte Wachzustand mit seinen Alpha-Wellen wird mit 7 bis 13 Hz gemessen; er ist leicht zu erzeugen, indem man aus dem normalen Tagesbewusstsein heraus einfach die Augen schließt. Das gewöhnliche Tagesbewusstsein erzeugt Beta-Wellen und umschließt eine Frequenz von 13 bis 30 Hz. Und die hohe Konzentration erzeugt Gamma-Wellen, spielt sich im Bereich über 30 Hz ab und kann über 50 Hz erreichen.

Die Gehirnwellen sind nicht nur das Ergebnis bestimmter Funktionen; bei entsprechendem Training lassen sich die jeweiligen Hirnfunktionen und Kombinationen auch initialisieren. Auf diese Weise lässt sich das normalerweise Unbewusste ins Bewusstsein bringen; diese Technik wird gewöhnlich „Bewusstseinserweiterung" genannt. Das abstrakte Denken partizipiert am erweiterten Spektrum.

Der Start des abstrakten Denkens lässt sich an einem einfachen Beispiel zeigen: Mein Neffe rechnete mit den Fingern, so wie alle Kinder anfangen. Seine Mutter forderte ihn auf, doch mit dem Kopf zu rechnen. Er widersprach ihr richtigerweise, er habe zwar zehn Finger, aber nur einen Kopf. Indem er die neue Methode trotzdem lernte, wechselte er über zum abstrakten Denken, denn da haben die Zahlen keine konkrete Realität mehr – weder Finger noch Äpfel. Die Mathematik führt in das abstrakte Denken hinein; sie führt Zahlen ein und dann Buchstaben und kommt zu Raum und Zeit, wo sie eins wird mit der Physik. Später kann die Abstraktionsfähigkeit vielfältig gebraucht werden; man kann sich mit ihr sogar in immaterielle Wertsysteme vernünftig einklinken. Die aktuellen Wirtschaftstheorien Liberalismus und Kommunismus sind zeitvergessen; sie sind vor der Entwicklung des Caterpillars formuliert worden und entsprechen daher nicht dem gesellschaftlichen Anspruch auf Zukunft.

Während die Einheiten Familie und Dorf konkret wahrnehmbar sind, können die Einheiten Staat, Welt und zukünftige Generationen nur abstrakt wahrgenommen werden. Mit diesen Einheiten gilt es einigermaßen vernünftig umzugehen. Ohne die Fähigkeit der Abstraktion könnten wir sie nicht einmal erkennen; es geht darum, sich Vorstellungen machen zu können.

Der Vorgang der Abstraktion besteht darin, einem Ding oder einer Funktion ein Symbol zuzuordnen; die Kunst daran ist es, die Chiffrierung wieder auflösen zu können. Die Formel $E = m \times c^2$ (sie stammt von Einstein und ist eine Aussage über das Verhältnis von Energie, Masse und Geschwindigkeit) hat nur für den einen Sinn, der sie versteht und den Code von „Masse" auflösen kann.

Die Demokratie ist das Symbol für Gleichheit, Freiheit und Solidarität; sie nur als Selbstbedienungsladen zu verstehen, wäre ein Missgriff; die Übernahme der Verantwortung durch die Bürger ist essentiell. Der König ist ein Symbol für ein Land, und doch versuchen Könige immer wieder, sich hinter der Allegorie, die sie vertreten, zu tarnen und ihrer Selbstverhaftung zu frönen. Trump reüssierte mit der Allegorie „Make America great again"; und er verlor wieder, weil dafür seine Performance nicht ausreichte.

Gott ist ein Symbol etwa für Größe, Stärke, Wissen und Energie. Gott ist auch eine Allegorie für den Gemeinschaftsgeist, der in verschiedenen Größen existieren kann (Kosmos, Religion oder Nation). Im Geschäftsleben firmiert dieser Geist hinter einem eng gezogenen Horizont als „corporate identity" einer Firma. Weil sich der Mensch Allmacht und Unendlichkeit zwar denken, aber kaum vorstellen kann, kann er sich in seiner Vorstellung auch einen „handlichen" Gott schaffen, mit dem sich besser reden lässt.

Die christliche Religion bietet für diesen Perspektivenwechsel Christus an. Das ist ein psychologischer Kunstgriff, aber ohne Dechiffrierung ist ein Glaube an ihn problematisch und kann auch in die Irre führen. Wenn auch Christus denen verzeiht, die nicht wissen, was sie tun, so stellt das keinen Freibrief für unwissendes Handeln dar. Ein Krokodil, das man durch ein verkehrt gehaltenes Fernrohr betrachtet, erscheint nur niedlicher, ändert seine Qualität aber nicht.

Ich habe schon christliche Prediger gehört, die behauptet haben, ihr Gott sei besser, weil er barmherzig sei, während der Gott der Juden als Rächer auftrete. Ich kann mir aber nicht vorstellen, dass das Standardlehre einer Kirche sein kann. Das Problem dabei ist, dass einer Vorstellung normative Kraft zugeordnet wird.

Um einem allfälligen Missbrauch entgegenzuwirken, gilt bei den Juden und den Moslems das Darstellungsverbot; die dafür erforderliche Abstraktionsfähigkeit ist aber gar nicht so leicht zu erreichen. Die Fähigkeit aber, seine Perspektive wechseln zu können, kann man auch in seinem Vorstellungsraum trainieren. Ein bekanntes Beispiel dafür ist, ein Glas als halb voll oder als halb leer zu sehen. Einige Astronauten sahen die Welt als einen niedlichen blauen Planeten; und diese Sicht veränderte ihre Einstellung zur Welt – sie entwickelten eine ökologische Einstellung.

Für mich mit meiner Blindheit ist Perspektivenwechsel tägliche Praxis. Meine Vorstellung von der Umwelt erlebe ich als visuelle Eindrücke und speichere sie oft auch so in meinem Bewusstsein. Eine Wegbeschreibung versuche ich in eine optische Version zu bringen, und die Impulse der Blindenschrift, die ich taktil wahrnehme, führen ins Sehzentrum und sind dort erkenn- und damit lesbar.

Diese Praxis versuche ich zu kultivieren und in meine Gedanken über gesellschaftliche Prozesse einzubringen. Religionen beschäftigen sich mit mentalen Erfahrungen und greifen damit auf Ungesehenes zu – das ist für mich eine interessante Welt, weil sie mit meiner Lebenspraxis zu tun hat.

Während man das, was man gesehen hat, nahezu vorbehaltlos für wahr hält, steht man dem, was man gelesen oder von anderen gehört hat, schon kritischer gegenüber. Abstraktionen wie Liebe und Mitgefühl sowie gesellschaftliche und ökologische Verantwortung sind Inhalte des Geistes, die sich der Beweisbarkeit der traditionellen Naturwissenschaft entziehen. Aber für den, der sie erlebt hat, sind sie klar und manifestieren sich als Glaube und im Verhalten. Glaube ist eine besondere Funktion, weil er im Bewussten wie im Unbewussten stattfindet; würde sein Inhalt nur aus dem Bewusstsein kommen, wäre es Einbildung.

Das Bedürfnis der Menschen, eine Meinung zu haben, unabhängig davon, ob sie auch eine Ahnung haben, zeigte sich ganz deutlich an einem Ereignis in Australien vor etwa 40 Jahren. Das Kind einer Missionarsfamilie, die im Zentralraum wirkte, war auf einmal verschwunden; es gab dazu zwei Vermutungen: nach der einen hätten die Eltern das Kind ermordet, nach der anderen hätte es ein Dingo gefressen. Die eine Hälfte der Bevölkerung glaubte die eine Variante, die andere die andere, nur ganz wenige enthielten sich einer Meinung; das Gericht sprach letztlich die Eltern vom Vorwurf frei. Es zeigt sich immer wieder, dass es den Menschen schwerfällt, ein Nicht-Wissen auszuhalten; diese Leerstelle wird dann sehr oft durch eine Emotion ausgefüllt, etwa durch eine Meinung oder durch einen Glauben.

Mich lehrt diese Geschichte, dass es besser ist, Unwissenheit auszuhalten, als einem Glaubensbedürfnis zu folgen. Als Pate dieser Entscheidung kann ich einerseits wahrscheinlich Sokrates mit dem geheimnisvollen Satz „ich weiß, dass ich nichts weiß" anführen; andererseits drückte Mahatma Gandhi seine Skepsis gegenüber Ideologien mit dem Satz „there should nothing be like Gandhisme" aus. Das im Unbewussten ruhende Wissen steuert das Verhalten stark mit. Spontane oder meditativ provozierte Erlebnisse können dieses Wissen durchaus erfahrbar machen; gegenüber Erfahrungen anderer ist aber Skepsis geboten.

Durch Worte lassen sich Menschen und manche Tiere und vielleicht sogar Pflanzen beeinflussen. Und auch ein König mag durch einen Schmeichler unter Umständen geneigt sein, ihn zu privilegieren; so aber gelingt es gewiss nicht, sich bei Gott durch Anbetung gut stellen zu wollen; soziale oder ökologische Missgriffe verhindert oder verzeiht er nicht; irgendwer – allerdings nicht immer der Täter – muss sie ausbaden. Die Tat bleibt in der Welt, nur Schuldgefühle sind abbaubar. Sehr wohl aber kann eine Gottesvorstellung dem Menschen helfen, sich vernünftig sowohl in der Gesellschaft als auch in der physischen Welt einzuordnen. Der Mensch kann in seiner Erfahrung mit der Welt so sensibel sein, sodass er manches als göttlich und er sich jedenfalls nicht als Herrscher, sondern als Teil der Welt empfindet. Diese Funktion weist die Religion der psychologischen Dimension zu.

In der Demokratie ist der Bürger Mitregent und als solcher ist er aufgerufen, die Fähigkeiten Rationalität und Sensibilität optimal zu nutzen und insbesondere soziale Intelligenz zu entwickeln. Für eine Volksabstimmung in der Schweiz schließt die Verwaltung das Thema nach (möglichst) allen Gesichtspunkten auf, sodass dem Volk optimale Entscheidungshilfe geboten wird.

Die Beschäftigung mit dem Thema Abstraktion hilft auch, ein Auffassungsproblem zu lösen, das oft Verwirrung stiftet. Der Naturforscher Charles Darwin (1809 bis 1884) könnte den Ausbruch der Corona-Epidemie konkret so erklären, dass der Lebensstil der aktuellen Menschen nicht ausreichend angepasst sei; im Ausdruck des abstrakten Denkens könnte man sagen, die Natur rächt sich für menschliches Fehlverhalten. Und der Religiöse könnte mit geneigtem Kopf die schwerwiegenden Worte sagen: „Der Mensch denkt und Gott lenkt". Würde als Folge der Krise der Kampf ums gesellschaftliche Leben verschärft werden oder eine Resignation eintreten, wäre nichts gewonnen; die Zielvorgaben „mehr Gelassenheit" und „mehr Achtsamkeit" als Alternativen würden sich besser eignen.

Alle diese drei Denkmuster – das naturwissenschaftliche, das abstrakte und das religiöse – nehmen die Beziehung zwischen Mensch und Natur wahr; die Wahrnehmung von komplexen Abläufen beruht immer auf der Fähigkeit zu abstraktem Denken. Entscheidend bleibt, ob die Impulse Reaktionen auslösen oder nicht. Die Beziehung zwischen konkretem und abstraktem Denken bestimmt die Qualität der Kultur. Die Religionen sind in dieser geistigen Sphäre angesiedelt; ob sie es gut machen, muss man im Einzelfall entscheiden.

In bezog auf die Natur ist der Mensch auf ihre Bedingungen angewiesen – grobes Fehlverhalten rächt sich früher oder später. Die Selbstorganisation des Menschen muss aber nicht auf dem „Gesetz des Dschungels" beruhen. Während die Krokodile nur Flucht, Angriff und Verteidigung kennen (sie sind Kleinhirn-gesteuert), haben die Menschen die Möglichkeit, sich auch anders zu organisieren.

Mit den Vögeln ist die Liebe in die Welt gekommen, so dass sich weitere Handlungsmöglichkeiten entwickelt haben. Verwendet der Mensch sein limbisches System, das ihm Liebe und Mitgefühl möglich macht, als vorletzte und sein Großhirn als vorläufig letzte Errungenschaft der Evolution, das ihn zum Denken befähigt, nicht für den Kampf, sondern für den Frieden, so nähert er sich der demokratischen Utopie an. Obwohl er nach wie vor mit und von der Natur lebt.

Darwin hat mit seiner Evolutionstheorie für die Naturwissenschaften einen großen Fortschritt gebracht; für die Humanwissenschaften aber einen beachtlichen Rückschritt eingeleitet; das Ausleseprinzip spielte im Nationalsozialismus eine wichtige Rolle. Wenn sich menschliche Gesellschaften nach der darwinistischen Vorstellung des Prinzips der Natur – also nach dem Selektionsprinzip – ausrichten, sind sie faschistoid; so lehnte Darwin den Einsatz von Augengläsern und von Impfungen ab, weil sie gegen die Regelung der natürlichen Selektion verstießen.

Der Psychiater und Autor Joachim Bauer (geb. 1951) widerspricht in seinem Buch „Das kooperative Gen" der These Darwins, wonach die Selektion das dominante Steuerungsmittel der Natur wäre, und stellt die Kooperation ins Zentrum der Entwicklung. Demokratische Gesellschaften organisieren sich eher nach dem Kooperationsprinzip, in dem die Gefühle eine wichtige Rolle spielen.

Solange das Corona-Virus aktiv ist, haben die Menschen die Angst gemeinsam; und es ist eine erstaunliche Kooperationsgemeinschaft zu beobachten. Wenn es nach dieser Zeit zur Bezahlung der aufgelaufenen Rechnungen geht, wird sich zeigen, ob die Kooperation hält oder es zum Verteilungskampf kommt.

Darwin räumte zwar ein, dass sich die Menschen in kleineren Gruppen zu Kooperationsgemeinschaften organisieren würden, zweifelte aber an der Bereitschaft zur Kooperationsfähigkeit großer Gemeinschaften. Die politische Wirklichkeit stützt diese Skepsis bis heute; Die Zustände auf der Welt legen nun aber nahe, dass eine Art Weltgemeinschaft notwendig wäre, um das Überleben der Menschheit insgesamt zu ermöglichen. Um dem zu genügen, ist die Fähigkeit der Menschen gefordert, in weiten Horizonten zu empfinden und zu denken.

Wie eng die Horizonte bisher gezogen wurden und wie mangelhaft entwickelt die Abstraktionsfähigkeit als geistige Dimension auf der bisherigen Entwicklungsstufe der Zivilisation ausgebildet ist, zeigt sich am raschen Glaubenswechsel im vorigen Jahrhundert. Von einem offensichtlich nicht fundierten Christusglauben ging es über zu Faschismus bzw. Kommunismus und schließlich zur Technikgläubigkeit und zur Weltanschauung des Konsumismus. Die Folgen jedenfalls der beiden letzteren hätte man auch durch Überlegungen – also durch Vorausdenken – modifizieren können; aber erst jetzt, da uns die Klimafolgen konkret auf den Kopf fallen, beginnt langsam ein Umdenken. Der Suchtcharakter von Produktion und Konsum lässt die Politik vor der Verordnung des Entzugs zurückschrecken.

Nach dem Beispiel der Vereinigten Staaten besteht das Indiz, dass Gläubigkeit die Wahrnehmung behindert. Da glauben etwa 50 Prozent der Bevölkerung an die Schöpfungsgeschichte der Bibel, wodurch sie nicht der Evolutionslehre folgen. In Amerika haben die strenggläubigen Evangelikalen auch Probleme, sich der verbreiteten Haltung gegenüber der Corona-Gefahr anzuschließen. Diese Haltung teilen sie etwa auch mit Neo-Nazis in Deutschland sowie den orthodoxen Juden und den fundamentalistischen Moslems in Israel.

Diese Fälle zeigen, dass manchen Glaubensinhalten mehr geglaubt wird als wissenschaftlich erwiesenen Tatsachen; das macht verständlich, dass auch der Klimawandel als wissenschaftlich erwiesene Tatsache so wenig akzeptiert wird. Eine allfällige Glaubensdominanz zeigt sich in zwei Stufen; zum einen zeigt sie sich im Gegensatz zur Vernunft, indem sie etwa ein Weiterleben nach dem Tod behauptet; und zum anderen, wenn sie gegen wissenschaftlich erwiesenes Wissen wie die Evolutionslehre auftritt. Beide Funktionen, die zu glauben und die zu erkennen, sind in der menschlichen Natur angelegt; Konflikte zwischen ihnen fordern zur Lösung auf.

Es mag dem individuellen Glück dienen, dem Weltbild, das aus einer angenehmen Vorstellung gebildet wurde, zu folgen; aber wenn dieses Weltbild der Wirklichkeit nicht entspricht, folgt daraus Unglück. Für die weißen Amerikaner ist die alte Erinnerung noch präsent, dass sie nach Verdrängung der Ureinwohner in einem Land der „unbegrenzten Möglichkeiten" leben würden; leider ist dieses Lebensgefühl auf Europa übergesprungen, obwohl Europa seit 1000 Jahren an Enge leidet.

Das Beispiel der USA zeigt, dass die Wahrnehmung der Wirklichkeit durch die Vorstellung behindert wird. Wenn das Christentum Leitbild für die Kultur ist, wird die Verdrängung zur kulturellen Wirklichkeit. Es ist für die Menschen gar nicht so leicht, etwa den Tod als endgültig und die Welt als begrenzt anzusehen.

Um diese unangenehme Einsicht zu verdrängen, gibt es grundsätzlich zwei Möglichkeiten: die eine ist, sich das Leben nach dem Tod in einem Himmel vorzustellen; das Christentum und der Islam setzen auf einen ziemlich ausgeprägten Hedonismus in einer Anzahlungsvariante; in dieser Variante werden die Mühen der Welt und die individuell erbrachten Opfer nach dem Sterben vergolten.

Die andere ist die Vorstellung der Wiederkehr auf die Erde. Die Wiedergeburtslehre hat zumindest einen Fuß in der physischen Rationalität, da der Körper in recyclierter Form auf der Erde zurückbleibt. Die Emotionalität als das Spielbein des Geistes kann sich dann viele oder wenige Vorstellungen machen. Die Yogis und die Buddhisten sind der Wiedergeburtslehre gegenüber offen; sie erkennen aber häufig das „Ich" als Prozess im Körper, sodass das „Ich" keine eigene Struktur ist und damit kein Wiedergeburtspotential hat. Die Himmelslehre steht sowohl mit Stand- und Spielbein fest in der Metaphysik, sodass die Aufnahme in den Himmel mehr Vorstellungskraft und mehr Verdrängung braucht.

Eine Lehre, die die Verschiebung des Leistungsentgelts bis zum Tod zum Inhalt hat, ist sehr praktisch für die Organisation autoritärer Systeme; sie können damit Hochkulturen errichten, ohne die Masse der Leistungsträger gerecht bezahlen zu müssen. Der Wegfall dieses Glaubens durch die Aufklärung hat allerdings das Problem hervorgebracht, dass sich mehr Menschen am Verteilungskampf beteiligen, als der Substanz der Welt zuträglich ist. Die Bürger, die in der Demokratie verantwortlich sind, müssen nun erst Selbstbeherrschung lernen, um dem Sozialvertrag und dem Generationenvertrag gerecht werden zu können.

Weil sich wahrscheinlich viele Christen in der Illusion der Ewigkeit recht bequem eingerichtet haben, bleibt die Frage, ob es ethisch gerechtfertigt ist, ihnen diese Illusion streitig zu machen; aufgrund der in diesem Buch beschriebenen schädlichen Nebenwirkungen der Gläubigkeit gegen die Vernunft halte ich es sogar für notwendig. Es zeigt sich auch, dass die Hoffnung auf ein ewiges Leben nach dem Tod den kriegsfördernden Expansionismus in diesem Leben nicht ersetzt und nicht einschränkt. Vielleicht kann die Verschränkung von Sensibilität und Rationalität diese Aufgabe lösen.

Jedenfalls stehen die Religionen heute vor der schwierigen Aufgabe, dass sie nicht wegen der emotionalen Stärkung der Führungsautorität die allgemeine Sensibilisierung der Menschen reduzieren, die eine wichtige Bedingung für eine Demokratie ist. Die Angst vor dem Tod zu nehmen, ist gut; das soll aber die sensible und rationale Begegnung mit dem Leben nicht behindern.

In einigen Meditationen habe ich erlebt, wie es ist, nicht zu sein: Die Erinnerung daran ist angenehm – dadurch habe ich eine weniger unangenehme Einstellung zum Tod gefunden. Eine derartige Einstellung ereignet sich entweder durch eine Nahtod-Erfahrung, eine körperliche Belastung durch Kampf, Arbeit oder Sport, die an die Grenzen der Leistungsfähigkeit geht, oder durch Meditation, sofern man in ihr ein „Nicht-Sein"-Erlebnis hat. Eine so erfolgreiche Meditation ist eigentlich recht aufwendig; sie ist aber immerhin insofern besser als manche vorhin genannten Erlebnisse, weil die nur selten überlebt werden. Eine andere Meditations- oder Nahtod-Erfahrung ist das Erlebnis eines Tunnels, an dessen Ende ein ganz helles Licht strahlt. Dieses Erlebnis wird von manchen als Beweis für die Existenz eines Himmels genommen, ist aber wohl nur ein Indiz dafür.

Eine Auseinandersetzung mit Ewigkeit und Zeitlichkeit ergibt sich aus dem Erlebnis von Ewigkeit, das man entweder im normalen Leben durch ein schockhaftes Ereignis, etwa durch einen Absturz haben kann; ich erlebte es schon einige Male, wenn ich stürzte oder irgendwo hinunterfiel; ungefährlicher erlebte ich es in einer Meditation.

So wie sich das Schweregefühl des Körpers ausschalten lassen kann, was auch als Übung in der TM (transzendentalen Meditation) angeboten wird, kann man auch das Zeitgefühl ausschalten. Nachher kann man zeitlich und ewig, also irdisch und himmlisch besser unterscheiden und ist nicht auf Gläubigkeit angewiesen. Die Faszination des intensiven Erlebnisses des Augenblicks findet sich etwa auch beim Bungee Jumping. In den asiatischen Kampfsportarten trainiert man seinen Geist dahingehend, die Zeit, die normalerweise als Schrecksekunde abläuft, für die Einleitung einer Reaktion zu nützen.

Das psychische System stellt dem Bewusstsein einen „Stoßdämpfer" für Extremerfahrungen zur Verfügung. Oft wird der Tod einer nahestehenden Person nur zögerlich wahrgenommen; aber auch bei Glücksereignissen wie bei großen sportlichen Siegen reden die Betroffenen von einigen Tagen, um die neue Situation zu realisieren. Wenn man bei bösen Ereignissen die Verzögerung perpetuiert, ist das Verdrängung; auch mit der Einsicht von der Endlichkeit des Lebens kann man so umgehen.

Nützt man ein Opiat nicht nur als Spontanhilfe, sondern nimmt man es auf Dauer, so verzerrt das die gesamte Wahrnehmung und hat entsprechend schädliche Nebenwirkungen. So lange eine Religion die Verdrängung als Seelenbalsam anbietet, ist noch nicht viel passiert; dass die Verdrängung aber im praktischen Leben als Leitkultur Platz greifen kann, macht die Sache tragisch. Die aktuelle Zivilisation reagiert nicht darauf, dass der Lebensraum der Menschen durchaus begrenzt ist; der Grund dafür kann nur Verwirrung sein.

Dass die Nutzung des Himmels als christliche Verdrängungstechnik eingesetzt wird, ergibt sich aus einer rationalen Interpretation. Die Verweigerung der Verantwortung gegenüber den zukünftigen Generationen wird durch die weltliche Ethik wenig wahrgenommen; als Surrogat für den Himmel der Gläubigen tritt der blinde Glaube der Normalbürger an den technischen Fortschritt als Verdrängungsmittel ein. Und da die Kirchen auch die Verdrängung als ihre prominente Geschäftsidee führen, können sie gegen diesen Kardinalsfehler nicht Stellung beziehen, sie können ihn kaum wahrnehmen.

Auch die der christlichen Religion vorgeworfene Körperfeindlichkeit entspricht einer Verdrängung der Wirklichkeit; um mit dem Geist zu korrespondieren, gilt der Körper als störend. Im Yoga gilt es gerade, die Aufmerksamkeit auf den Körper zu richten, um in ihm den Geist aufzuspüren und zu wecken.

Der Sieg der Wünsche und des Glaubens über die Wirklichkeit rächt sich nach einiger Zeit; so geht es auch den Menschen wie manchen Bergwanderern, die von dem Einbruch der Dunkelheit überrascht werden; diesen zumindest kann manchmal die Bergrettung helfen. Die Gesellschaften aber sollten lernen, Gefahren vorauszuahnen, allenfalls sogar im Voraus zu berechnen. Die Tatsache, dass die Flüchtlingskrise 2015 und die aktuelle Corona-Krise Europa so unvorbereitet getroffen haben, sind Beispiele zu diesem Problemfeld.

Um zu zeigen, dass gesellschaftsrelevante Ansätze in der Begegnungszone von abstrakten und konkreten Inhalten durchaus schwierig sind, setze ich das selbst erlebte Beispiel. In den 1970er-Jahren führte der Psychologische Dienst des Bundesheeres bei Offiziersanwärtern an der Militärakademie eine Meinungsbefragung durch. Neben anderen Themen stand auch die Frage nach dem Motiv für die Berufswahl. Neben vielen eigenbezogenen Antworten der mehr als 100 Probanden wie ‚mit Menschen arbeiten‘, ‚interessante Tätigkeit im Freien‘, ‚sicherer Beruf‘ usw. fand sich nur eine einzige Antwort mit Bezug auf die Gesellschaft: ‚zur Erfüllung der staatlichen Aufgaben beitragen‘.

Nicht nur ich als angelernter Laie, sondern auch die Psychologen des Befragerteams waren verwirrt. Das entstandene Bild war natürlich falsch – wäre die Situation wirklich so, würde das keinen Staat machen; eine Einrichtung wie ein Staat, die für junge Menschen eher nur abstrakt wahrnehmbar ist, braucht die Identifikation seiner Bürger so wie der Mensch seine Nahrung braucht. Und wie sehr die Individual- und die Gemeinschaftsinteressen miteinander im Einklang oder im Widerspruch sind, ist natürlich von großer Bedeutung.

Dieses Bild ist jedenfalls interessant, weil es auch darum geht, dass große Ansagen heutzutage gleich einmal mit dem Vorwurf, kitschig zu sein, verurteilt und deshalb oft vermieden werden. Auch Greta Thunberg unterstellen viele, von ihrem Vater vorgeschoben oder von einer diffusen Mafia im Eigeninteresse missbraucht zu werden. Der Prozess von Wahrnehmungsfähigkeit und Willensbildung ist ein wichtiges Thema für die Wissenschaft vom Menschen.

Im Bundesheer ist man immer wieder enttäuscht, dass die Zivilgesellschaft so wenig Interesse an den Gefahren hat, die für die militärische Sicherheit relevant sind. Die zivile Gesellschaft sieht nicht einmal die Bedrohungen, die sie selbst provoziert; und das Militär sieht diese Gefahren auch nicht. Frieden ist ein geistig getragener Gleichgewichtszustand; und Frieden ist immer bedroht, wenn die gesellschaftlichen Verhältnisse de facto sehr ungleichgewichtig sind. Eine Zeitlang lässt sich ein realer Friedenszustand mit einiger Anstrengung militärisch bzw. polizeilich stützen, sodass die Gesellschaften vielleicht noch die nötige Zeit für Reformen gewinnen. Dem Sinn nach braucht eine Demokratie keine Angriffskapazitäten; sie muss aber wehrhaft sein, um nicht zum Spielball von irgendwelchen Machtinteressen zu werden.

8. Gedanken über Perspektiven

Bei einer kleinen Familienfeier habe ich den damals schon pensionierten USamerikanischen 4Sterne-General Paul Francis Gorman getroffen. Mein Neffe heiratete vor 20 Jahren seine Nichte. Als erfolgreicher Truppenführer in Vietnam und als Kommandant des USMilitärs in Lateinamerika, über dessen Schreibtisch die „Iran-Contra-Affäre" lief, war er Vertreter der Herrschaftsidee, auf die die amerikanische Politik aufgebaut ist. Bei einem Gespräch über die gesellschaftliche Rolle des Militärs erfuhr ich nur mitleidiges Lächeln; von dem, wovon ich in diesem Text schreibe und von dem ich nun mehr weiß, hatte ich damals erst eine Ahnung, sodass ich nicht ordentlich argumentieren konnte; außerdem wäre eine tiefergehende Diskussion der Gelegenheit nicht angemessen gewesen. Aber dieses Gespräch war einer der Impulse für diesen Text.

Unabhängig davon, ob es sich um eine formale Demokratie oder um eine formale Diktatur handelt, kann die Politik eines Landes der Reichsidee oder der demokratischen Idee verpflichtet sein. Ein Reich setzt auf Expansion, die es durch Macht durchsetzen will. Das muss nicht unbedingt territoriale Erweiterung sein, die nach der UNOCharta ja auch verboten ist; es kann sich auch um die Durchsetzung der eigenen Ideologie über die Landesgrenzen hinaus handeln. So bilden die Streitkräfte der USA die strukturelle Gewalt, die im Interesse ihrer Bürger die Politik aktiv stützt. Im Fall eines Verhaltens, das sich gegen die USamerikanischen Interessen richtet, wozu auch die Verstaatlichung von Betriebsvermögen im Ausland zählen kann, ist es wohl auch schon zur Aktivierung von militärischer Gewalt gekommen. Während die UNO die territoriale Verteidigung als völkerrechtskonform postuliert, sieht die Militärdoktrin der USA auch die grenzüberschreitende Verteidigung ihrer Interessen vor.

Das hat den Kalten Krieg zwischen den beiden Imperien USA und der UDSSR vorangetrieben; und heute müssen die USA offensichtlich gegen China rüsten. Einem seinem Wesen nach demokratischen Staat fehlt der Offensivcharakter, sodass er keine Angst zu erzeugen braucht. Hier spielen die Streitkräfte eine passive Rolle, die nur der Abwehr dient; daher tun sie sich mit der Anerkennung ihrer Soldaten schwerer als im anderen Fall, wo sie zur Durchsetzung vorteilhafter ökonomischer Formen beitragen.

In diesem Text versuche ich allerdings, zu zeigen, dass nicht nur militärisches Potential im Spiel ist, sondern dass auch ökonomische und allgemein gesellschaftliche Umstände Ängste auslösen und bedeutende Gefahren erzeugen können. Zwar waren die „Römischen Verträge" (1957) als Vorläufer der EU als ökonomische Friedensidee konzipiert; allerdings stellt sich heraus, dass ökonomische Cleverness militärische Gewalt nicht verhindern kann und jedenfalls politische Weisheit qualitativ nicht ersetzt. Die Globalisierung mit der Ausweitung des Waren- und Personenverkehrs bringt, wie die aktuelle Pandemie zeigt, die Gefahr von Kollateralschäden mit sich.

Ideologien entstehen in einer Zeit und repräsentieren möglicherweise die Perspektive nur einer Gesellschaftsschicht; sie halten oft länger als ihnen die geänderten Umstände Gültigkeit geben. Optimale Politik muss immer aktuell gesucht werden; sie richtet sich nach Zeit, Ort und Umständen.

Alle Perspektiven – auch die eigene – sind auf Nützlichkeit, Schädlichkeit und Gefährlichkeit auf den Prüfstand zu stellen und auf ihre Kompatibilität mit den Menschenrechten zu prüfen.

In den Wechseljahren können sich eigenartige Phänomene abspielen. So behinderten sich in der Ökologiebewegung die Realos und die Fundis gegenseitig. Für massive Vorschläge wie eine extreme Verteuerung des Treibstoffes und Verringerung des Fleischkonsums wurden die entsprechenden Parteien durch Stimmenverlust bestraft und das Eintreten für faktische Nicht-Wähler wie Immigranten und Flüchtlinge reduzierte auch die Wahlerfolge. Die zu geringen Ansprüche der Realos machten die Fundis zu Nicht-Wählern. Dass Seen und Flüsse in der Nähe sauber sein sollen, fordern auch andere Parteien; die Erfahrung, dass die Meere, die sich dem Auge als unendlich zeigen, auch verschmutzen können, musste erst gemacht werden.

Die Politik – und nicht nur in der Demokratie, sondern auch in der Diktatur – ist das Ergebnis der Wirkkraft der Perspektiven. Politikverständnis erwächst aus der kritischen Wahrnehmung dieses Spiels, wobei nicht nur die Perspektiven der anderen, sondern auch die eigenen, mit ins Kalkül gezogen werden sollten.

In einigen meiner Yogakurse führte ich eine geleitete Meditation, die meiner Idee von politischer Bildung entspricht: Je drei Minuten Konzentration „auf sich, auf seine Familie, auf seine Stadt, auf sein Land, auf die ganze Welt".

Analog dazu wäre für die Wirtschaft und für die Politik, die beide nur kurzfristig oder auch häufig nur in einer Perspektive denken, eine Stufenleiter wie „kurzfristig, mittelfristig und langfristig" zu empfehlen, damit die Erfüllung der kurzfristigen Ziele den längerfristigen Bestand der Gesellschaften nicht unmöglich machen.

So wie ein Bauer, der seine Felder verkauft, besser lebt, als einer, der von ihrer Bewirtschaftung lebt, beruht auch der aktuell hohe Lebensstandard auf der Verkürzung der Lebenschancen künftiger Generationen. Gesellschaften sind von Natur aus wahrscheinlich auf Dauer ausgerichtet. Der Volksmund konstatierte: „Nobel geht die Welt zugrunde!" Die Menschheit lebt heute schon mit einem Energieverbrauch, dessen Rechtfertigung sich erst nach der Fertigstellung von Fusionsreaktoren einstellen würde; nach derzeitigem Prognosestand reichen alternative Energiequellen für die faktisch gelebte Zivilisation nicht aus. Ethisch gerechtfertigt und der Friedensidee geschuldet ist die Nutzung der Früchte der Welt, nicht der Verbrauch der Welt.

Es ist wohl auch schon vorgekommen, dass langfristig angelegte politische Ziele das aktuelle Leben verdorben haben. Eine zeitbezogene Fehlspekulation, die Geschichte gemacht hat, war auch das Tausendjährige Reich; Hitler war so sehr auf die tausend Jahre fixiert, sodass er die Prunkbauten der künftigen Hauptstadt „Germania" (aktuell Berlin) aus Stein errichten ließ, weil das nach tausend Jahren schönere Ruinen hinterließe als schnöde Betonbauten. Dass aber ein Mensch, der sich über eine so große Distanz Gedanken macht, schon beim ersten Schritt stolpert, ist nicht weiter verwunderlich.

9. Das demokratische Paradigma

Überheblichkeit und Unterwürfigkeit sind die Bauelemente der Diktaturen, sind aber Hindernisse für Demokratien. Fundamentalistische Religionen und Ideologien fördern deutlich die Unterwürfigkeit für die Mehrheit; hingegen die, an denen die Intention scheitert, sind Anwärter für die Herrschaftspositionen. Für die Demokratie braucht es Führungskräfte, die nicht als Sieger im Unterdrückungskampf mit den Eltern hervorgegangen sind, sondern sich in einer sensiblen Familie entwickeln konnten. Für die Erhaltung der Natur braucht es Menschen, zu deren Grundeigenschaften Ehrfurcht, Respekt und Demut gehören. Gerade die gegenwärtige Umweltproblematik zeigt die Respektlosigkeit im Umgang des Menschen mit der Natur.

Demokratie ist praktisch der mittlere Weg zwischen Chaos und Diktatur; sie lässt auch absolute Anordnungen zu, bevorzugt aber Führung nach Auftrag, die in den meisten Fällen auch bessere Ergebnisse bringt. Wenn es gut geht, ist der Vorgesetzte durch Kenntnis qualifiziert, er hat sich nicht durch den Sieg im Machtkampf wie der Führer in der Diktatur an diese Stelle gesetzt.

Aufgrund der Weiterentwicklung von Wissenschaft und Technik darf aber die aktuelle und zukünftige Demokratie nicht nur ein Kompromiss zwischen Chaos und Diktatur sein, sondern sie braucht einen Paradigmenwechsel. Die Rolle des Menschen als fleißiger Arbeiter (homo faber) ist in Frage zu stellen; seine Fähigkeit, weise sein zu können (homo sapiens), wird aufgerufen; bisher war die Selbsteinschätzung als „homo sapiens" eine Übertreibung. In den 80er-Jahren hat der Physiker und Esoteriker Fritjof Capra (geb. 1939) den Begriff Paradigmenwechsel verwendet, um die von ihm postulierte Wende zu einem harmonischen, freiheitlichen und ganzheitlichen neuen Zeitalter zu kennzeichnen. Damit will er dem ökologischen Denken zum Durchbruch verhelfen. Dieser Wunsch ist natürlich eine Utopie; aber so weiter zu tun wie bisher, ist eine Katastrophe.

Um die Distanz zwischen Denken und Fühlen zu überwinden, unter dem das Verhältnis des christlichen Glaubens mit der Wissenschaft leidet, greift Capra auf den Buddhismus zu, der in seinem Kern wissenschaftskompatibel ist und eine positive emotionale Beziehung zur Mitwelt unter Einschluss der Tiere vorschlägt. Der Kernbuddhismus baut nicht etwa auf Wiedergeburt auf – diese überlässt er dem Buddhismus als Volksglauben.

Nach dem Kernbuddhismus gibt es nichts, was den Körper überlebt; das Leben ist der Prozess im Körper. Der Buddhist strebt an, zum Zeitpunkt seines Todes ein erfülltes Leben gehabt zu haben. Für die, die das nicht schaffen, bleibt eine Chance eines weiteren Lebens als tröstliche Vorstellung.

Die Thora (also das Alte Testament) erzählt über das offensichtlich vorbildliche Leben einiger Propheten, sie seien alt und lebenssatt gestorben. Unter diesem Paradigma sind die Menschen wahrscheinlich erdgebundener, sind zu ihrem Lebensglück aber nicht darauf angewiesen, Kinder und Enkelkinder zu haben; sie können sich aucch für das Leben an sich einsetzen. Die Verbundenheit mit der Welt wird auch in der indianischen Weisheit und in einem Kultbuch der 80er-Jahre mit dem Titel „Ich bin ein Teil der Welt" dargestellt. Die jüdische Religion und die Performance des

Jesus von Nazareth verweisen in etlichen Aspekten auf eine ganzheitliche Weltsicht. Wegen des hohen Alters, das die Menschen nun im christlichen Abendland erreichen, sind es auch hier viele, die lebenssatt sind, bevor sie sterben.

Biblisch ist der Unterschied zwischen Gottes- und Weltliebe nicht notwendigerweise gegeben. Wer sagt, Gott zu lieben, sagt Christus, und wer seinen Bruder nicht liebt, der sei nicht weit gekommen. Der Heilige Franziskus würde wohl die Erde zumindest als Schwester, wenn nicht auch gleich als Mutter in die Gemeinschaft aufnehmen und damit eine positive emotionale Beziehung zur Welt gutheißen.

Viele christliche Würdenträger sind stolz darauf, mit ihrer Theologie eine hohe Abstraktionsstufe erreicht zu haben und schauen verächtlich auf die Naturreligionen hinunter; dabei ist es ihnen nicht gelungen, eine Empathie der Menschen zur Welt zu vermitteln. Das ist etwas, was heute schmerzlich abgeht.

Das Judentum, die christliche Religion und der Islam sind sehr homozentriert. Papst Franziskus hat in der Enzyklika „Laudato si" (2015) nun endlich den Mangel aufgegriffen und die Tatsache der Verbundenheit des Menschen mit der Natur dargestellt; das Ergebnis der Umstellung lässt noch auf sich warten. Dass in China der Buddhismus, der zumindest theoretisch naturverträglich ist, in dieser Hinsicht nicht gegriffen hat, ist kein Grund zur Schadenfreude. Dass sich aber die euro-amerikanische Kultur in diese Richtung entwickelt, ist wichtig, denn sie wird von der ganzen Welt als Vorbild genommen.

Wie sehr „Gott" in die Welt involviert ist, zeigt sich daran, dass eine Sünde gegen ihn ohne Schädigung von Mitmenschen und der Umwelt nicht möglich ist; als Ausnahme bleibt nur das Fluchen. Was als „Sünde" in Erscheinung tritt, ist ein Verstoß gegen eine humanistische Weltordnung; und diese wird in den modernen Gesellschaften – etwa von mehr als einem Drittel – mit einem diffusen Begriff als „Gott" bezeichnet. Ein zweites Drittel lehnt auch einen diffusen Gottesbegriff als irreal ab, diese Menschen können aber ein durchaus ähnliches Verbundenheitsgefühl mit der Welt haben. Ein drittes Drittel pflegt eine scharf abgegrenzte konkrete Gottesvorstellung; in Österreich gehen etwa 20 % der Bevölkerung mehr oder weniger regelmäßig in die Kirche.

Man nimmt sich als Stütze zur Selbstentfaltung einen Guru als Vorbild – im Christentum ist dies natürlich und vorrangig Christus. Geht es aber um Manipulation, so sind schon viele Konkretisierungen versucht worden – Religionen bringen Gott ins Spiel; Diktatoren wie Adolf Hitler und Mao Zedong, um nur auf zwei hinzuweisen, beanspruchten für sich selbst eine solche Funktion; die Erziehung ist dann dementsprechend fremdbestimmt.

In Indien werden die Gurus von ihren Anhängern als „große Seelen" (= Mahatma) oder Gott verehrt; von seinen Anhängern wird Christus auch als Gott verehrt. In diesem Fall ist der Guru „Entwicklungshelfer", nicht Gestalter des Menschen. In Buddha wird die Buddha-Natur verehrt. Diese Buddha-Natur entspricht dem höchstmöglichen geistigen Entwicklungsstand des Menschen, die grundsätzlich von jedem erreicht werden kann.

in der Geisteswelt der Demokratie ist Erziehung Hinführung zur Selbstentfaltung. Sokrates verglich den Erzieher mit einer Hebamme. Überlegungen dieser Art spielen sich im Wechselspiel von Bewusstsein mit ihrer Rationalität und dem Unbewussten mit ihrer Symbolik ab. Die „Urnatur" liegt bis zu ihrer Entdeckung im Unbewussten verborgen.

Die Erziehungsart, bei der man davon ausgeht, dass dem Kind die kindliche Emotionalität eingeschränkt und damit die natürliche Art genommen werden müsse, damit ihm die volle Entwicklung der Vernunft offen stünde, kritisiert man heute als „schwarze Pädagogik"; sie entstand in der Aufklärung und war im 19. und 20. Jahrhundert verbreitet und wirkt herein bis in die Gegenwart. Bei ihr wird die mütterliche Liebe als „Affenliebe" denunziert; die Verzärtelung der Kinder sei Ursache für viele Probleme der Erwachsenen. Auch müsste der Wille der Kinder vor der „Vergessensschranke" – also vor dem 3. Geburtstag – gebrochen werden, damit sie ihr ganzes Leben treu an ihren Eltern hängen würden.

Dies erinnert stark an die Art, wozu man Hunde erzieht; sie sollen nicht die Reife von erwachsenen Hunden erreichen und sollen wie in der Abhängigkeit der Welpen von ihren Müttern bleiben. Der Mensch nutzt das aus und füttert den Hund zwischendurch von Hand aus, wobei die Gabe noch dazu mit Speichel versetzt wird – die Hundemutter füttert die Jungen mit angekauter Nahrung von Maul zu Maul.

Ob die Handfütterung bei den Hunden Vorbild für die früher übliche, von Priesterhand gegebene, Mundkommunion in der katholischen Kirche war, um die Gläubigen abhängig zu machen und so zu halten und ob diese Technik beim Menschen so wirkt, weiß ich nicht. Es könnte aber so sein; jeder Erwachsene hat im Unbewussten eine Erinnerung an seine Mutter, wie sie ihm zu essen gab. Religionen sind oft Meister in der Symbolik; durch Rückgang der Meditationspraxis in ihnen geht oft das frühere Wissen verloren, wenn sich vielleicht auch die Symbolik weiter hält.

Der manchmal zu hörende Satz „die fressen mir aus der Hand" kommt zwar aus der Beziehung zu den Tieren, wird aber auch im zwischenmenschlichen Bereich angewendet und bedeutet die freiwillige Unterordnung der Gemeinten.

Die christlichen Kirchen rechnen sich als positiv an, dass die Akzeptanz des himmlischen Vaters entlastend und tröstend wirkt; als Mitbewohner des christlichen Abendlandes sollten wir uns mit der jeweiligen Kirche aber die Frage stellen, ob diese Einstellung vielleicht das Verantwortungsgefühl des Erwachsenen auf ein kindliches Niveau hinuntersetzt. Alles, was wirkt, kann auch Nebenwirkungen haben. Wer sich einen schützenden Vater-Gott imaginiert, kann vielleicht besser schlafen; im Yoga geht es um das Erwachen des ganzen Bewusstseins.

Alle Kinder wollen bald erwachsen werden, um alles tun zu können, was sie wollen. Es gibt in unserer Gesellschaft aber so viele Erwachsene, die die gesellschaftliche Verantwortung nicht übernehmen wollen, so dass diese Haltung eine Art Grundstimmung bildet.

Es ist auch verständlich, dass sich Führungskräfte Untergebene wünschen, die sich widerspruchslos in ihrer Abhängigkeit einrichten. Solange es ihnen einigermaßen gut geht, tun das sogar sehr viele. Es ergibt sich nur die Frage, woher die Führungskräfte die notwendige Qualifikation nehmen. Für den Bereich des Sports gibt es eine klare Antwort: hochqualitative Spitzenleistungen werden eher erbracht, wenn diese Sportart von einem quantitativen Massensport getragen wird.

Für eine Religion ist es selbstverständlich, Symbole zu benutzen, denn sie lebt aus dem Unbewussten und für das

Unbewusste, deren Zugang die Symbolsprache ist. Die Religion lebt auch vom Wissen um das Unbewusste. In einer Zeit, wo Religion und Gesellschaft nicht mehr so recht zusammenpassen und nicht nur die Religion, sondern auch die Gesellschaft Probleme hat, ist es sowohl für die Religion als auch für die Gesellschaft wichtig, sich im Quellgebiet beider – nämlich im Unbewussten – umzuschauen.

Für die Kinder ist das Naturell, blind zu glauben, lebenswichtig; diese Eigenschaft aber in das Leben der Erwachsenen zu verlängern, ist problematisch. Solange es darum ging, die Menschen an ein Weiterleben nach dem Tod im Himmel glauben zu machen, war es nicht so schlimm, wenn diese Vorgabe nicht eintritt. Nachdem die Verstorbenen ins Nichts eingetreten sind, gibt es nicht einmal irgendeine Enttäuschung. Für die Gestaltung des Lebens aber stellt der blinde Glaube ein Problem dar.

Die Natur stellt dem psychischen System die Funktion der Verdrängung zur Verfügung, um schwere Schicksalsschläge etwas abfangen zu können; aber diese Fähigkeit in ein so großartiges Kulturprodukt wie die christliche Erlösungslehre zu wandeln und lange glaubhaft zu halten, ist ein Pyrrhussieg.

Die Leute setzen weiter auf Verdrängung und nehmen die Natur nicht ernst. Durch die technische Unterstützung ist die Wirkkraft der Menschen aber so stark geworden, dass der Bestand des Lebensraumes der Menschen nun auch gefährdet ist; sie wird leichthin hingenommen. Die Auseinandersetzung mit der Endlichkeit sollte nicht im Glauben, sondern durch Weisheit behandelt werden. Die Angst vor dem Tod reduziert sich auch bei einschlägigen Nahtod-Erlebnissen, bei entsprechender Lebenserfahrung und gleich wirksam bei dafür ausgerichteten Meditationsübungen sowie bei psychiatrischen Techniken – die beiden letzteren sind nicht so lebensgefährlich wie die vorher genannten.

Jedenfalls hat die Kirche das Monopol über die Glaubensvorgabe verloren und das weiter existierende Bedürfnis, zu glauben, hat sich die Technologie und eine wirtschaftspolitische Ideologie zum Zugpferd gemacht. Die Bindung an das christliche Glaubensgut hält zwar abhängig, bietet aber doch einen starken Trostfaktor; der Glauben an die Technologie mag sogar letal ausgehen. Es mag sein, dass die Energiefrage durch Kernfusion und die Versorgung der Menschheit durch Abbau von extraterrestrischen Bodenschätzen einmal gelöst werden wird; aber sich darauf zu verlassen, ist grob fahrlässig und erinnert an kindliche Naivität.

Mit dem Doppelkonstrukt Himmel und Hölle konnte die christliche Religion hunderte Jahre lang einen mehr oder weniger großen Einfluss auf die Menschen ausüben; mit Hilfe der Wissenschaft, vor allem der Psychologie, kann man heute der Frage nachgehen, wie weit der Mensch des christlichen Abendlandes durch diese Lehre noch immer geprägt ist; ob sie nützlich oder schädlich oder irrelevant ist und ob sie mitschuldig ist an der erschrecklichen Unmündigkeit der Menschen, wie es Immanuel Kant sagt.

Die Erziehung ist eine Reaktion auf die Unmündigkeit der Kinder; läuft sie falsch, wird die Verantwortung, die ja vorerst außen liegt, nicht ausreichend verinnerlicht. In diesem Fall bleibt es lange, vielleicht sogar ein Leben lang, bei der Unmündigkeit. Wie kann es gelingen, die heute mangelnde Verantwortung der „europäischen Seele" der Zukunft gegenüber zu aktivieren. Soll sich eine Denkweise ändern, ist elne Analyse der gegenwärtigen nützlich.

Wie die Erwachsenen sein werden, hängt stark von den Begleitpersonen in ihrer Kindheit ab. Nach Wikipedia war die kinderdiskriminierende Schwarze Pädagogik besonders in Deutschland wirksam; auffällig ist, dass die Trennung von Romantik und Klassik – also von Gefühl und Verstand – sich besonders in der deutschen Literatur zeigte; die Trennung von Gefühl und Verstand, die eigentlich harmonisch zusammenwirken sollten, war hier deutlicher als anderswo zu merken.

Den Franzosen war diese extreme Interpretation der Aufklärung fremd, obwohl sie so stark durch sie geprägt waren. Dem Aufklärer Rousseau kann man die Schwarze Pädagogik jedenfalls nicht in die Schuhe schieben. Der nach Rousseaus Theorie wirkende Schweizer Johann Pestalozzi (1745 bis 1827) entwickelte nach Fehlern der rousseau'schen Gedanken und eigenen Fehlern die Lehre weiter und führte sie bis an die Erkenntnisse Maria Montessoris. Die Idee, die Entwicklung von Herz, Hirn und Hand – also Gefühl, Verstand und handwerkliche Fähigkeiten – gleich zu fördern, geht auf ihn zurück.

Die Aufklärung ist also nicht durchgehend schuld an der „Schwarzen Pädagogik"; sie war aber doch auslösend für ihre Entstehung. Warum die Gefühlsabwehr im deutschen Sprachraum durch den Arzt Moritz Schreber (1809 bis 1861) als ihrem Vermittler so extrem in die Welt gesetzt und populär geworden ist, weiß ich nicht; vielleicht war der preußische Militarismus mit dem Ideal des absoluten Gehorsams eine Vorstufe dieser Entwicklung. Warum eine Erziehung, die sich auf die Vernunft beruft, aber eher als Konditionierung angelegt ist, überhaupt der Entwicklung der Vernunft dienen soll, ist mir jedenfalls auch schleierhaft.

Schreber vertrat ein weites Ideenspektrum. Einerseits forderte er, dass die Kinder auch der armen Leute einen Zugang zur Natur haben sollen, woraus sich die Schrebergärten entwickelt haben; andererseits entwickelte er Handfesseln für die Buben, damit sie in der Nacht nicht mit ihren Genitalien spielen können.

Jedenfalls führte die „Schwarze Pädagogik" die Deutschen zusammen mit der Selektionslehre des Briten Charles Darwin im damals gegebenen sozialen Umfeld in den Zweiten Weltkrieg. Im Jahr 1977 gab Katharina Rutschky dieser Erziehungsform ihren abfällig gemeinten Namen. Alice Miller (1923 bis 2010) sprach sich als Gegenmittel für eine antiautoritäre Erziehung aus, wobei allerdings dieses Wort Verwirrung gestiftet hat. Für die Kinder sind die Eltern außer in der Trotzphase und bis in die Pubertät hinein immer, manchmal auch darüber hinaus, Autoritäten; antiautoritär zu sein, ist für Eltern und Lehrer peinlich. Zu kritisieren ist demnach nur der Einsatz von Gewalt als Missbrauch der Autorität.

Der Versuch der Eltern, das Kind sowohl nach ihrem Willen zu formen als auch durch körperliche und psychische Gewalt zu disziplinieren, wird die Entstehung eines eigenständigen Selbstbewusstseins des Kindes erschweren oder sogar verhindern; gefördert wird hingegen einerseits Überheblichkeit und andererseits ein Minderwertigkeitsgefühl. In den Jahren um 1968 hat sich der Kampf vieler Eltern um die herrschaftlichen Erziehungsrechte oft dramatisch abgespielt; die pubertierenden Söhne etwa wollten gegen den Willen der Eltern lange Haare und die pubertierenden Töchter kurze Röcke tragen.

Nach der herrschenden Tierschutz-Doktrin ist es verpönt, einen Hund zu strafen; es stellt sich aber doch die Frage, ob nicht die Erziehungstechnik des Doktor Schreber für Hunde ein taugliches Mittel sein kann, um sie zu konditionieren. Sind für den Hund nicht einige kräftige Leinenrucke des Herrl angenehmer als sein lebenslanges Zerren an der Leine? Der Hund soll lebenslang abhängig, also gehorsam sein.

Es ist schwer zu verstehen, dass die Menschen mit dem Menschen, wie er geschaffen oder entstanden ist, oft so unzufrieden sind. Die Christen wollen ihn durch Gläubigkeit verbessern und seine Emotionalität zügeln. Die Gläubigkeit ist als Kulturtechnik tatsächlich ein funktionierendes Erziehungs- und Resilienz-Programm; für ihre Überbewertung nehmen die Christen aber damit in Kauf, die Sensibilität und die Rationalität des Gläubigen zu beschneiden oder ihn sogar zu domestizieren.

Um der Rationalität im Sinne der Aufklärung zum Durchbruch zu verhelfen, wollte die „Schwarze Pädagogik" die Rationalität fördern und schädigte die Sensibilität; eine Einschränkung diverser gefährlicher Emotionen wie Gier, Hass und Überheblichkeit wird damit vielleicht erreicht, große Erfolge sind aber nicht zu erwarten. Psychologie, die den Menschen in seiner Ganzheit wahrzunehmen sucht, ist bedauerlicherweise erst am Ende des 19. Jahrhunderts entstanden und damit sehr spät gekommen; die Hirnforschung mit ihren High-Tech-Instrumenten ist ganz neu und sollte zumindest ab heute helfen können.

Im Gegensatz zu Schreber, der noch im Fahrwasser des negativen Menschenbildes des Christentums schwamm, gab es eine Vielzahl von Reformpädagogen mit einem positiven Menschenbild und mit dem Anspruch auf Veränderung der Schulpraxis, die sich in den öffentlichen Schulen nicht sehr reformwillig zeigte. Ich nenne aus der Vielzahl zwei Namen, weil ich mich ihrer Weltsicht nahe fühle.

Die italienische Ärztin Maria Montessori (1870 bis 1952) – sie war auch naturwissenschaftlich gebildet – gründete die nach ihr benannte Reformpädagogik. Da entwickeln sich die Kinder aus ihrem inneren Antrieb heraus zum Menschsein. Die Lehrer sind dabei weniger Erzieher, sondern eher positive Begleiter, die dem Kind helfen, es selbst zu machen und es selbst zu erfahren. Die Mütter und die Lehrer suchen den „inneren Leitfaden" des Kindes und verstärken ihn so, dass er späterhin handlungsführend wird. Die Idee ist, die Kinder im Fluss ihrer eigenen Natur ins Leben als Erwachsener zu führen, und sie nicht gegen ihre Natur aufzuziehen.

Ein weiterer Neuerer war das österreichische Multitalent und ökologische Vordenker Rudolf Steiner (1861 bis 1925); er begründete 1920 mit der Waldorfschule eine weitere Reformpädagogik, die allerdings weniger erfolgreich blieb. Manche Eltern schätzen zwar seine Idee, schicken ihre Kinder aber nicht in seine Schulen, weil sie um die Konkurrenzfähigkeit ihrer Kinder im Leben fürchten.

Diese beiden europäischen Reformpädagogen hatten ein positives Menschenbild, gingen von den Bedürfnissen der Kinder aus und wussten um die Spiritualität, die ein Tor zum Innenleben des Menschen ist. Sie hatten Kontakt mit der theosophischen Gesellschaft Adyar in Chennai (damals Madras, Indien).

Steiner spaltete die deutsche Sektion schon 1914 mit der Gründung der anthroposophischen Gesellschaft auf Grund eines Führungsstreits mit der Präsidentin, der Engländerin

Annie Besant, ab. Eine Gesellschaft, die die Verbundenheit der Religionen darstellen wollte, konnte sich über die
Rollen von Christus und Buddha nicht einigen. So viel über
die Komik; die Spiritualität, die immer tiefer liegt, ist damit
nicht entwertet.

Das Beispiel zeigt allerdings, wie stark Glaubensbindungen
sein können; die beiden Europäer stellten sich nicht unter
den „Spiritus loci", der in Indien religiöse Toleranz bewirkte
und Freiräume zuließ. Die Politik Indiens vollzieht derzeit
eine Umstellung, indem sie einen zunehmenden Hindu-Na-
tionalismus vorantreibt. Es zeigt sich auch hier, dass Religionen immer wieder in den Dienst der Politik gestellt werden, um die gesellschaftlichen Verhältnisse zu gestalten.

Montessori überdauerte den Zweiten Weltkrieg in der theosophischen Gesellschaft in Indien, nachdem ihr der Duce
Benito Mussolini, ursprünglich ihr Förderer, unerträglich geworden war. Montessori hatte mit dem Streit von Steiner und
Besant nichts zu tun; sie hatte eine eigene theoriegestützte
Erziehungstechnik entwickelt. Ihre Wahrnehmungsfähigkeit
und ihre Umsetzungsstärke lassen vermuten, dass sie mit
ihrem Unbewussten in Kontakt gewesen ist; sie stellte die
Spiritualität aber nicht in den Vordergrund.

Von der Vorstellung, dass die Religion oder die Kultur gegenüber dem Menschen dominant sein müsse, war ein spä-
tes Christentum zumindest zeitweise überzeugt.

Luther bezog sich auf die Worte der Bibelstelle (nach Mk 7,1-
8.14-15): Der Mensch ist böse von Anfang an; er müsse
durch die Religion erlöst werden. Christus kritisierte entsprechend der Auffassung der Essener die Pharisäer, dass sie
vor dem Essen ein rituelles Waschen der Hände verlangten.

Diese Vorschrift sei heuchlerisch, weil äußere Reinlichkeit nichts nütze, denn die unreinen Gedanken wie Unzucht, Diebstahl, Mord und so weiter kämen von innen.

Die Yogatheorie löst das Problem derart, dass sie den Körper als äußere Schicht ansieht, das Innere aber in Schichten aufteilt. Die Energieschicht weist den verschiedenen Emotionen unterschiedliche Energien zu. Diese Funktion sowie das Denken und das Erkennen als weitere innere Schichten können durchaus mangelhaft sein; die innerste Schicht als Urnatur jedenfalls wäre optimal funktionstüchtig. Der mittelalterliche Mystiker Ekkehart hat jedenfalls diesen innersten positiven Kern im Menschen aufgespürt. Diese Darstellung erklärt, warum nach Perioden negativer Kultur sowie der aktuellen wieder eine gute Kultur wachsen könne.

Der Islam sieht seine gesellschaftsbildende Wirkung natürlich auch entscheidend und auch etwa die japanische Gesellschaft will ihre Kinder nach dem Vorbild der Kultur prägen. Für den Kommunismus hätte man auch erst die Menschen so gestalten müssen, dass sie ins System passen.

Dieser Grundhaltung ist auch Moritz Schreber gefolgt; um die Kinder auf ihre rationale Rolle in der Aufklärung auszurichten, wollte er ihre Emotionalität einschränken. Dieser Schritt der Aufklärung aus der Gläubigkeit heraus zeigte sich allerdings als Pfusch.

Der andere Schritt, den Montessori und Steiner gegangen sind, überwand die Vorstellung, entweder Gläubigkeit oder Rationalität müssten dominant sein; sie gingen von einem Menschenbild aus, in dem Sensibilität und Rationalität gleich wichtig sind und der Blick nach innen (Spiritualität) als nicht

nur taugliche, sondern auch als notwendige Methode anzusehen ist.

Damit haben sie – jedenfalls für die Erziehungswissen-
schaft – die mögliche Interpretation der Aufklärung, sie müsse rein rational sein, überwunden. Im Bewusstsein treffen
Erkenntnisfähigkeit und Wissen zusammen und schaffen
Vernunft; das Selbstbewusstsein zeigt dem Menschen seine Rolle in der Welt, der er durch Verantwortungsübernah-
me gerecht werden kann.

Die „Schwarze Pädagogik" ist der Ausbildungsgang für
Diktaturen; die Reformpädagogik ist die Schule für die Demokratie. Nach der Neuaufstellung der Streitkräfte in der
Bundesrepublik Deutschland und in Österreich in den 50er-
Jahren erforderte es einige Mühe, den militärischen Füh-
rungsstil an die gesellschaftliche Entwicklung anzupassen;
ein großer Teil des Kaders kam aus der Wehrmacht, also
den Nazi-Streitkräften. Eines großen Gedankensprunges
bedurfte es, zu erkennen, dass das großdeutsche Reich
den Krieg zwar verloren hatte, die Demokratie aber – natürlich durch fremde Hilfe –, als Sieger hervorgegangen ist.

Militärische Entscheidungen müssen dem demokratischen
Prinzip gerecht werden; das militärische Handwerk muss
wie bei der Feuerwehr allerdings auch auf Konditionierung
hinauslaufen. Die Ausbildungstechnik, die Kampfkraft der
Soldaten zu maximieren, indem man sie abstumpft, wie sie
in Diktaturen verbreitet ist, steht der Demokratie nicht zur
Verfügung. Sie muss andere Optimierungsformen suchen.

Auf dieser Suche sollte ein Gedanke aus der Autobranche
hilfreich sein: „Was nutzt der Tiger im Tank, wenn ein Affe
am Lenkrad sitzt?" Ein absoluter Gehorsam, der von Dik-

tatoren häufig eingefordert wird, ist in der Demokratie nicht vorgesehen. Ein gegen das Strafrecht verstoßender Befehl muss verweigert werden. Eine allenfalls mögliche Verringerung der Effizienz durch unscharfen Befehlsvollzug, die in der Diktatur vermieden werden soll, sollte in der Demokratie durch Ausschluss unfähiger Fürer und unsinniger Befehle mehr als ausgeglichen werden. Ein Führer, der seinen Aufstieg zur Macht im Staat erkämpft hat, könnte ein notorischer Kämpfer sein, der den Kampf auch über die Staatsgrenzen weiterführen will.

Die Modelle absoluter und relativer Gehorsam lassen sich als Vergleich zwischen Polizeihund und Blinden-Führhund andeuten. Der Polizeihund sollte absolut gehorsam sein, der Führhund sollte den Befehl verweigern, wenn er ihn als falsch und gefährlich ansieht.

Der Artikel 1 des Deutschen Grundgesetzes erklärt die Würde des Menschen als unantastbar; sie zu achten und zu schützen, ist nicht nur Pflicht der staatlichen Organe, sondern auch die Verpflichtung des Volkes; und das gilt selbstverständlich auch für die Kinder. Dieses Ziel, das 1949 formuliert worden ist und auf die älteren Erklärungen der Grund- und Freiheitsrechte (ab 1848) aufbaut, stand von Anfang an und steht wohl immer noch im Stadium der Entwicklung.

Die grundsätzliche Akzeptanz der Menschen und der ganzen Bevölkerung mit ihren Minderheiten durch die Demokratie wird im Artikel I der österreichischen Verfassung mit der Aussage „Das Recht geht vom Volk aus" festgestellt. Sofern die Minderheiten nicht im Widerspruch zum Staat stehen, muss dieser sie akzeptieren, denn diese bilden ihn.

Demokratien sollten vorsichtig damit umgehen, die Sprache oder das Verhalten der Mehrheit oder einer privilegierten Minderheit für alle verbindlich zu machen. Zum Unterschied zur Religion, die über die ethische Dimension der Homosexualität befindet, bleibt sie für den Staat eine persönliche Qualität – sie regelt sich nach der erotischen Prägung und nicht durch die Prägung der Kultur. Vielleicht sind durch diese Art der Triebbefriedigung und die damit verbundene Minderung von Geburten so manche Kriege unnötig worden.

Traditionelle Kulturen legen manchmal enge Richtschnüre an menschliches Verhalten an, sind aber nicht wach genug, aktuelle Probleme wahrzunehmen. Ein vielleicht noch einsichtigeres Beispiel, wo die Kultur die Natur besiegt, ist die Unterdrückung der Linkshändigkeit in manchen Gesellschaften und eine Aversion gegen Menschen anderer Hautfarbe.

Da die Gestaltung der Politik durch die Pädagogik einen langen Weg darstellt, haben weder Montessori noch Steiner die Wandlung Italiens und Deutschlands in faschistische Systeme verhindern können; der Langzeit-Einfluss sollte aber der demokratischen Zukunft Auftrieb geben. Eine Demokratie wird von Bürgern geführt; ein Diktator herrscht über seine Untertanen.

Sensibilität ist die Fähigkeit, Gefühle zu empfinden, Emotionalität ist der Drang, sie auszuleben. Überschießende Emotionalität wird oft tatsächlich zum Problem; aber durch eine gut entwickelte Sensibilität ist ihr wahrscheinlich eher beizukommen als durch Gläubigkeit oder Rationalität. Gerade im deutschen Sprachraum ist die Differenzierung wichtig, weil das Wort „Gefühl" unterschiedslos beide Komponenten so bezeichnet.

Die beiden Begriffe – Sensibilität und Emotionalität – spielen im Zusammenleben der Menschen und in der Politik eine wichtige Rolle; so will ich zur Erklärung einige Beispiele bringen. Wernher von Braun trieb seine Emotionalität zum Raketenbau; eine Sensibilität hinderte ihn nicht, deren Entwicklung mit Hilfe von KZHäftlingen voranzutreiben. Auch der Vergewaltiger zeigt den Unterschied: hohe Emotion und keine Sensibilität.

Will mich jemand beleidigen und ich merke es nicht, bin ich wenig sensibel; bin ich beleidigt oder wütend oder hasse ich den Beleidiger, reagiere ich emotional. Bleibe ich, aus welchen Gründen immer, gelassen, so ist das Problem aus der Welt und ich erspare mir weitere Nachteile. Hass und Wut etwa würden meinen eigenen Körper und meinen eigenen Geist vergiften. Von Sokrates kann man folgende Formel lernen: „bessere Menschen beleidigen mich nicht, schlechtere können mich nicht beleidigen!"

Es gibt auch die Situation, dass manche Menschen sensibler sind als die sie umgebende Gesellschaft. Dabei kommt es darauf an, dass diese Menschen stark genug sind, diese Situation auszuhalten; und dass die Gesellschaft weise genug ist, diese „Sensoren" auch zuzulassen und zu unterstützen und sie nicht wegen ihrer Kritik zu verfolgen. Der Unterschied von Sensibilität und Emotionalität ist auf Grund von Gewöhnung im gesellschaftlichen Verhalten gar nicht so leicht auszumachen; im Einzelfall zeigt er sich deutlicher: Es gibt Menschen, die sehr sensibel und leicht angerührt sind, wenn sie kritisiert werden, die aber Kritik ohne emotionale Einschränkung locker austeilen.

Gesellschaftliche Prozesse brauchen ihre Zeit; ich stelle nun einen wichtigen Aspekt der Umstellung in der Kindererziehung an zwei Geschichten dar.

Um 1900 kam das durch Pferde und Ochsen betriebene Transportgewerbe durch die Konkurrenz der Automobile unter Druck; im Versuch, dem entgegenzuwirken, schlugen die Kutscher vermehrt auf ihre Tiere ein. Die Tierschutzvereine, die vor allem aus dieser Ursache heraus entstanden sind, argumentierten gegen diese Entwicklung. Als Gegenargument wurde eingebracht, die Tiere nicht zu schlagen, wäre eine unsinnige Forderung, denn die Kinder würden ja auch geschlagen werden. Ergebnis der Diskussion war, dass 1905 die Verwaltung in Wien einen Erlass herausgab, wonach die körperliche Bestrafung in den Schulen verboten wurde.

Einer der letzten Lehrer, die die Ohrfeige bei Buben als gültiges Erziehungsmittel mit Überzeugung und auch unangefochten anwandten, war mein Vater, der in einer Volksschule am Land unterrichtete; er starb 1964 schon vor seiner Pensionierung. Da er sich innerhalb seines Systems um Gerechtigkeit bemühte, wurde er zwar gefürchtet, aber als Autorität anerkannt; eine harte Erziehung wurde damals noch eher toleriert als Willkür, die noch mehr schädigt.

Später erst begann die Diskussion über die Schwarze Pädagogik und darüber, dass die angeblich so „gesunde Ohrfeige" (gar nicht gesund sei. Der Kinderarzt Dr. Hans Czermak (1913 bis 1989) war in Österreich Vorkämpfer gegen die Gewalt in der Erziehung; sie neurotisiere die Kinder. Bei der Geburt hätte nur jedes fünfzigste Kind einen Schaden, nach wenigen Jahren schon jedes zweite. Inwieweit man die Erziehung auf eine so sensible Messlatte ausrichten muss, soll oder darf, wird die jeweils aktuelle Gesellschaft entscheiden. Dabei ist zu berücksichtigen, dass zwischen Abhärtung und Abstumpfung ein deutlicher Unterschied besteht.

Bei Befragungen durch den psychologischen Dienst des Bundesheeres haben die Rekruten auf eine fordernde, also eine harte Ausbildung, überwiegend positiv reagiert; zumindest im Nachhinein hat sich Stolz dazugeschlagen. Ich war immer erstaunt, wie genau die jungen Männer zwischen Härte und Schikane unterschieden, obwohl diese beiden im Prozess einander ähnlich sind. Ohne Vorschädigung durch die Familie kann die militärische Ausbildung Bürger kaum zu Untertanen pervertieren; allfällige Versuche in diese Richtung können nur zur Resignation führen. Als Folge solcher Überlegungen ergibt sich die Erfahrung, dass Führung durch Auftrag höhere Qualität hat als Führung durch Befehl.

Das Gewalt- und Diskriminierungsverbot entspricht der Erziehung in einer Demokratie; für den Bestand einer Diktatur gilt das nicht; für sie sind neurotisierte und abgestumpfte Menschen geradezu systemerhaltend. Sensible Menschen sind weder als Gewaltherrscher noch als Untertanen passend. Auch in der Demokratie gibt es Führer und Geführte; da sollte dieser Prozess aber weniger verkrampft ablaufen.

Im Übrigen wurde in Großbritannien erst in den 70er-Jahren die Prügelstrafe beim Militär und in der Schule verboten. Die Praxis der Schwarzen Pädagogik war also über Deutschland hinaus weit verbreitet; in Deutschland ist ihre Einführung und ihre Kritik auch theoretisch behandelt worden. Es dauerte lange, bis die Entwicklung der Demokratie und die Erziehungsform in die gleiche Richtung gestellt worden sind.

Ein Interessent, der in Südindien ein Yog-Ashram besuchen will, fragt einen Buben, wie weit es noch bis zum Ashram sei. Der Bub antwortet „siebenundzwanzigtausend Meilen";

der Fremde ist verwirrt und fragt nach. Die Antwort des Buben: „Wenn Sie umdrehen, sind es nur drei Meilen". Die Yoga-Lehre geht davon aus, dass die meisten Probleme im Inneren des Menschen zu lösen wären; der Weg nach innen sei kurz, Lösungen im Außen ohne optimierte innere Führung seien sehr lang und nicht sehr effektiv.

Schreber war noch mit der Auffassung des christlichen Abendlandes verbunden, dass nämlich dem Menschen die Entwicklung von außen her beigebracht werden müsse – demgemäß sprach auch Sigmund Freud (1853 bis 1939) vom „ÜberIch" als der ethischen Basis. Montessori und Steiner gingen von einer Entwicklung von Innen aus, die sich als vorrangige „innere Führung" gewöhnlich im Unbewussten befindet (Plan A).

Weil die Evolution (manche nennen es Schöpfung) den Menschen auch einen Plan B zur Verfügung stellt, können sie in einem grausamen System auch durch Grausamkeit leben und besser überleben; was hier als Plan B gilt, halten manche, wie etwa der englische Philosoph Thomas Hobbes, für vorrangig („homo homini lupus" = der Mensch ist des Menschen Wolf). Auch Charles Darwin hielt das Konkurrenzsystem für den Menschen prägender als das Kooperationsprinzip; das habe zur Folge, dass die Menschen nur in kleinen Einheiten zusammenwirken könnten.

Auch das von Jeremy Bentham (1748 bis 1832) formulierte Utilitätsprinzip ist aus heutiger Sicht problematisch. Eine Gesellschaftsordnung würde sich bewähren, so meinte er, wenn sie das „größte Glück der größten Zahl" hervorbringe. Diesem Prinzip folgen zumindest teilweise die Staaten, die an der Spitze der modernen Zivilisation stehen; und sie scheitern damit, weil eine Gesellschaft durch ihre Zukunftsdimension etwas anderes ist als bloß die Summe der aktuellen Menschen. Auch der Wald ist etwas anderes als bloß die Summe seiner Bäume; er entwickelt eine Eigendynamik und jedenfalls auch ein eigenes Klima.

Die frühere britische Premierministerin Margaret Thatcher hat das offensichtlich nicht gewusst, denn sie sah nach ihren eigenen Worten nur Menschen und keine Gesellschaft. Nur Konkretes zu sehen und nicht auch Abstraktes, beruht auf einem Denkmangel; ob aus einer Anzahl von Individuen eine und was für eine oder keine Gesellschaft entsteht, beruht auf dem Geist der einzelnen Menschen. Die Struktur ist sichtbar, der Prozess, der sie schafft, entzieht sich der visuellen Wahrnehmung.

Ein positives Menschenbild könnte auch eine positive Vorstellung von der Fähigkeit der Menschen, eine Gemeinschaft zu bilden, hervorbringen. Die aktuelle gesellschaftliche Entwicklung geht allerdings nicht diesen Weg.

Weil Prognosen grundsätzlich unsicher sind, will ich die Frage, in welche Richtung die Entwicklung der Menschheit gehen wird, nur indirekt beantworten. Die indische Weisheitskiste bietet hierzu die folgende Geschichte. Einer Frau erscheint im Traum ein Mann. Verunsichert fragt sie ihn: „Was wirst du mit mir machen?" Seine Antwort: „Das ist ‚dein' Traum!" (in deinem Traum kannst du entscheiden).

Wenn in der realen Welt die Frauen nicht nur solchen Traummännern begegnen, die ihnen die Entscheidung über den weiteren Verlauf überlassen, so folgen gesellschaftliche Prozesse häufig den Erwartungen, den Hoffnungen oder den Ängsten der Beteiligten. Eine praktisch gleiche Aussage trifft der Rabbiner: „Denke, die Welt ist im Kippen zwischen gut und bös; wenn du auf die Seite der Guten gehst, wirst du die Welt retten!".

Unlängst hörte ich einen Vortrag eines durch Internet-Auftritte weltweit bekannten südindischen Yogi mit dem Namen Sadhguru; er machte sich lustig über einen 60jährigen griechisch-orthodoxen Bischof, der seinen Eltern die Schuld an etlichen Problemen in seinem Leben gab.

Ein Yogi oder eine Yogini ist jemand, der oder die einen fortgeschrittenen Standard erreicht hat; ein Yogalehrer wird durch seine Schüler zum Guru, die ihn je nach seiner Qualität verehren. Die hierarchische Stellung ergibt sich aus dem Fan-System, also aus einer Persönlichkeitswahl. Einige massive Abstürze zeigen, dass die spirituelle Qualität auch verloren werden kann und dass sich die Verehrer eines Gurus auch irren können.

Wenn ich Yoga auch viel verdanke und seinen erfolgreichen Weg nach Europa und die USA betrachte, so muss sich Yoga die Frage gefallen lassen, warum in seinem Heimatland so viele Probleme nicht oder schlecht gelöst sind. Auf die 600 Jahre islamische und die darauffolgenden 300 Jahre britische Herrschaft, in denen Yoga in den Untergrund gedrängt wurde und sich mehr oder weniger in den Wäldern verstecken musste, aber seit 70 Jahren frei auslebbar ist, sollte sich ein Yogi nicht berufen.

Die Qualität des Yoga ist bedingt durch seine Theorie und durch die entsprechenden Personen; die gesellschaftliche Wirkung richtet sich jedenfalls auch nach ihrer Zahl. Ein intensiver Yoga-Weg, der über Körperübungen hinausgeht, ist als Massenphänomen nicht vorstellbar; viele Menschen halten sich lieber an einen Glaubensinhalt und wollen sich die Mühe qualifizierter Selbsterfahrung nicht antun; das zeigt sich an den Verschwörungstheorien.

Sicher wegen des Erfolgs im Westen – da machen schon mehr Menschen somatische oder mentale Achtsamkeits-übungen als Besuche in der Kirche – hat die Republik Indien Körperübungen im Yoga-Stil in den Schulen eingeführt. Sogar in der Militärausbildung bis hinauf in die hohen Stufen und in der Ausbildung der Diplomaten wird Yoga als sportliche Disziplin als Wahl-Pflichtfach angeboten. Warum die Yoga-Kultur als Minderheitsprogramm nicht ausreichend gesellschaftsbildend gewirkt hat, weiß ich nicht; jetzt wird sich weisen, wie weit sie in ihrer körperlichen Form als Mehrheitsprogramm eine wirksame Philosophie auslöst und wie weit sie wie in der Zeit Mahatma Gandhis wirksam werden wird.

Mohandas Karamchand Gandhi (1869 bis 1947) war nach seinen eigenen Worten kein Yogi, er nützte aber die Weisheit und die Technik des Yoga. Nun ergeht es ihm wie dem Nationalheiligen der Schweiz, dem Asketen Klaus von der Flüe. Beide haben einen Ehrenplatz in der Geschichte; aktuelle Vorbilder für die Entwicklung der Gesellschaft sind sie nicht geworden. Immerhin ist Gandhi schon vor fast 100 Jahren aufgefallen, dass die Übernahme des britischen Lebensstils in Indien unmöglich wäre; man bräuchte für diesen Fall zwei Planeten.

Aber auch schon der deutsche Naturforscher Alexander von Humboldt (1769 bis 1859) kritisierte den Umgang der Europäer mit der Natur; auch seine Worte sind im Konsumrausch untergegangen. Die Volkskultur kannte den zum Sprichwort gewordenen Satz, man solle die Rechnung nicht ohne den Wirt machen; leider hat die Wirtschaftswissenschaft den Gedanken nicht aufgenommen und Produktion und Konsum als ein duales System verstanden und so gerechnet, als ob es keinen Wirt gäbe. Langsam beginnt der Wirt, nämlich unsere Welt, zu reagieren; es ist erstaunlich, wie lange eine ungenügende Wirtschaftstheorie als Wissenschaft anerkannt worden ist.

Es ist schon lange her, da hat sich mein Interesse an der Religion als Kulturaspekt an einer Meinungsbefragung über dieses Thema entzündet. Diese hat die Militärseelsorge vom Heerespsychologischen Dienst durchführen lassen. Durch meine Teilnahme hat sich nach dem Verlust meines Kinderglaubens mein Interesse an der Religiosität als menschliche Dimension neu entwickelt. Ein solches – wenn auch oft verdrängtes – Interesse ist weiter verbreitet als der Bedarf nach Gläubigkeit.

Die einzelnen Religionen sind Deutungen der im Menschen angelegten Religiosität. Die natürliche Religion ist einer der Prozesse, der grenzüberschreitend im Unbewussten und im Bewussten stattfindet. Manchmal drängt er sich auf (etwa in der Gefahr); manchmal begleitet er eine Glückserfahrung mit Dankbarkeit (man fragt: „wem dankbar"); und manchmal führt sozialwissenschaftliches Interesse dazu. Religionen beschäftigen sich mit der Beziehung zu sich selber, zu den anderen Menschen, zur belebten und zur unbelebten Natur sowie zu allem, das man allenfalls GOTT, ALLAA, JACHWE oder OM (Sanskrit-Ausdruck für „Alles") nennt. Das, was viele Religionen gemeinsam haben, hat gute Chancen, der natürlichen Religion zu genügen; was sie allein haben, ist entweder kulturelle Überformung oder bessere Einsicht. Der persönliche Zugang ist Meditation, der Licht in das Dunkel des Unbewussten bringt.

Wie viele psychische Prozesse lässt sich auch dieser ein- und ausschalten. Und was ist mit den negativen Manifestationen? Die Dimensionen Hass und Gier können den ganzen Raum des Menschen einnehmen, wodurch sich die Dimension der Gemeinschaft für kürzere oder längere Zeit verabschiedet.

Mittlerweile erkennen schon sehr viele, dass eine Fortsetzung der bisherigen Lebensform nicht zukunftsfähig und dass die Suche nach einer Neuorientierung notwendig geworden ist. Nach der Definition des Jugendgerichtsgesetzes reicht es für eine reife Persönlichkeit allerdings nicht aus, Einsicht zu haben, sondern es bedarf auch der Fähigkeit, dieser Einsicht gemäß zu leben. Es gibt so viel Wissen um die Zusammenhänge in der Natur und um die Einwirkung des Menschen; aber die Reaktionen darauf hinken hinterher.

Der Prophet Mohammed kritisierte die Wissenschaftler seiner Zeit, sie wären wie mit Büchern beladene Esel. Das aktuelle Problem scheint demnach schon älter zu sein: Die Ausrichtung des Willens auf das Wissen ist schwierig. Wenn die Emotionen stärker sind als die Sensibilität, negiert oder formt der Wille das Wissen. Aber das aktuelle Umsetzungsproblem allein den Wissenschaftlern in die Schuhe zu schieben, wäre zu einfach und würde vor allem das Problem nicht lösen – die Gesellschaft als Ganzes ist aufgerufen.

Die heutige Wirtschaftsform ist ein Ergebnis dieses Dilemmas. Das Produktion/Konsum-Volumen ist doppelt so groß, als dass es die Welt als Lebensraum zukünftiger Generationen verkraften könnte. Die gegenwärtige Generation lebt von der Substanz und nicht nur von den Früchten der Welt; man kann also den Zuwachs des Waldes nutzen, aber wenn man den Wald zur Gänze nutzt, lebt man von der Substanz. Das gilt nicht nur für das CO_2, sondern für die Ressourcen ganz allgemein. Jedenfalls ist der überhöhte suchtartige Ressourcenverbrauch die Ursache für das drohende Klimadebakel und für etliche auch militärisch relevante Konflikte, die meist das Ergebnis einer Enge sind.

Die Einsicht vieler Menschen, Wissen und Willen nicht in Übereinstimmung bringen zu können, verursacht oft den Wunsch nach der Führung durch einen „starken Mann"; dieser Wunsch kreiert Diktaturen und ist Ausdruck einer noch nicht abgeschlossenen „Reifung". Zur geistigen Mindestausstattung eines Demokraten gehört das Wissen oder zumindest die Ahnung, ob die jeweiligen Führungskräfte im Interesse der Gesellschaft oder nur im Interesse ihres eigenen Machtbedürfnisses handeln. Wegen der vielen Einzelinteressen in der Gesellschaft ist es aber gar nicht so leicht, ihr Hauptinteresse auszumachen, nämlich ein Leben in Wohlstand, Frieden und Freiheit - dieses Ziel wird aber nicht sehr konsequent angestrebt.

Dieser Text ist asymmetrisch angelegt und behandelt die Entwicklungsgeschichte der Sozialisten und Kommunisten wenig und die Geschichte der Kirche viel; das kommt daher, dass sich diese viel mit dem Glauben beschäftigt und der Glaube in der gesellschaftlichen Entwicklung eine große Rolle spielt, oft sogar eine größere als Fakten. Es geht deshalb auch darum, in das Verhältnis von Glauben und Hierarchie Licht zu bringen. Ein sensibles Bewusstsein kann zwischen Qualitätshierarchie und Formalhierarchie unterscheiden.

Der Anspruch Calvins auf Freiheit und Marx' Anspruch auf Gerechtigkeit trugen zur Entwicklung des modernen Materialismus bei, weil sie beide den menschlichen Willen über die natürlichen Bedingungen stellen. Die Frucht dieser beiden ist der Konsumismus als Überlastung der Welt. Der Materialismus verhält sich zur Welt wie der Kannibalismus zur Menschheit.

Aus der Entstehung der modernen Demokratie, die durch einen Sozialkonflikt ausgelöst wurde, und aus der Interpretation durch Marx lässt sich ein Anspruch auf Solidarität ableiten; dies scheint jedenfalls der Grund zu sein, warum wirtschaftliche Erfolge von linken Expolitikern für die Partei negativ wirken – sie laufen den Genossen davon. Wenn hingegen rechte Expolitiker erfolgreich sind, wirken sie für ihre Partei positiv – sie laufen den Mitgliedern voran.

Die Wirtschaftliche Globalisierung durch die Einrichtung der WTO (World Trade Organisation) im Jahre 1994 brachte die grundlegende beziehungsweise weitgehende Entbindung des Kapital- und Warenmarktes von der staatlichen Herrschaft – also die Akzeptanz eines ökonomischen Mechanismus, der einigen Wenigen finanzielle Gewinne brachte, für die Weltgesellschaft aber wie eine Droge wirkt; das künstliche Wertmaß Geld verschleiert den Blick auf ein natürliches Wertesystem. Für einen humanen Arbeitsmarkt ist die Freiheit der Wirtschaft ein Problem, für die ökologische Situation ist sie eine Katastrophe. Bei der verbreiteten Kurzsichtigkeit der Menschen, die nur schwer überwindbar ist, ist die ganze Welt ein zu großer Spielplatz.

Wenn man die Wirtschaft dem Handel überlässt und ist dieser marktwirtschaftlich ausgerichtet, so entzieht man der Welt mit Erde Wasser und Äther den Eigenwert; die Bodenschätze werden nur nach ihren Produktionskosten bezahlt und Umweltschäden überhaupt nicht. Dieses Bewertungsprinzip widerspricht jeder Vernunft. Eine Gesellschaft, die nach dem Sprichwort „Geld regiert die Welt" agiert, lässt sich die Ethik abkaufen. Mit den Bemühungen, eine CO_2-Steuer einzuführen, will sich Europa im Verband des weltweiten Marktes langsam einer besseren Gesellschaftsordnung annähern; im internationalen Wettbewerb ist das aber äußerst mühsam.

Die gemäßigte Linke hat sich schon vor dem Jahr 2000 mit der Marktwirtschaft und ihrem Erfolgskurs zufriedengegeben und hat ein wesentliches Staatsziel, auch für zukünftige Generationen vorzusorgen, außer Acht gelassen; Marktwirtschaft können die Konservativen auch. Die Marktwirtschaft funktioniert, hat aber den Nachteil, dass sie nur die Interessen der aktuell lebenden Individuen berücksichtigt und dadurch die Interessen zukünftiger Menschen ignoriert. Das System leidet daher an einem schweren Solidaritätsmangel. Der Mensch lebt auf kurze Zeit, die Gesellschaft ist auf Dauer ausgerichtet – oder sollte es sein.

Der Warenmarkt ist wegen seiner Zukunftsblindheit schon problematisch; der Arbeitsmarkt allerdings verstößt gegen ein von Immanuel Kant (1724 bis 1804) ausgeformtes Prinzip. Der Mensch wird am Arbeitsmarkt instrumentalisiert. Und Kant als einer der Vordenker der modernen Demokratie meint, der Mensch wäre Zweck an sich und sollte nicht verzweckt werden.

Der Arbeitsmarkt, der als Organisationshelfer so praktisch ist, dürfte nach Kant zumindest nicht oberste Instanz sein. In den Jahren vor der Globalisierung der Wirtschaft gelang das besser. Mit ihr gelingt es nun viel weniger, die Arbeitskräfte vom internationalen Konkurrenzdruck von Angebot und Nachfrage freizuhalten. Wenn auch der Mensch in seiner Gesamtheit dabei nicht wie bei der Sklaverei verzweckt wird, sondern nur mit seiner Arbeitskraft, so ist der Gedanke Kants doch noch nicht ganz realisiert. So wie die bürgerlichen Parteien Europas haben auch die Linksparteien in den 1990er-Jahren der Globalisierung zugestimmt und haben damit den Schutz der Arbeiter durch die Gewerkschaften geopfert.

Für eine demokratische Gesellschaft ist es essentiell, ihre Vermögens- und Einkommensverhältnisse zumindest tendenziell zu harmonisieren und nicht immer weiter auseinanderdriften zu lassen.

Die von Adam Smith (1723 bis 1790) aufgestellte These, dass eine unsichtbare Hand den Markt optimal steuern würde, ist in der Praxis längst überholt. In vielen Köpfen existiert sie weiter. Der Markt fördert die Wirtschaft nur maximal; er ist individualistisch gestaltet und wirkt wie eine Gesellschaft mit beschränkter Haftung; die gesamtgesellschaftlichen Aufgaben müssen ihm abverlangt werden.

Daraus ergibt sich, dass eine marktwirtschaftliche Orientierung auf betriebswirtschaftlicher Ebene tauglich ist, auf volkswirtschaftlicher beziehungsweise weltwirtschaftlicher Ebene als Ordnungssystem aber nicht funktioniert.

Die betriebswirtschaftliche, die volkswirtschaftliche und die weltwirtschaftliche Denkebene haben jeweils ihren zugehörigen Horizont. Ich habe in der Handelsschule einen Einblick in das betriebswirtschaftliche Denken erhalten und durch mein Studium habe ich eine Ahnung von den weltwirtschaftlichen Zusammenhängen. Durch meine berufliche Beschäftigung mit der Sicherheitspolitik weiß ich aber, wie sehr die Dominanz dieser ökonomischen Subsysteme den

Erhalt des Friedens als eines der Hauptziele einer demokratischen Ordnung behindert.

Wirtschaft ist nur eines der Subsysteme der Gesellschaft,
Sicherheit reflektiert auf ein anderes Subsystem und braucht
ein anderes Denken. Wer den Markt mit Angebot und Nachfrage als höchsten Regelkreis sieht, begnügt sich mit Kurzsichtigkeit; wer den Abgleich von Produktion und Konsum
als notwendig erachtet, beweist schon Weitsicht; aber wer
die Anpassung des Wirtschaftsvolumens an die Kapazität der Welt anpassen will, hat sich schon auf die Spur der
Weisheit begeben.

Nach der gängigen Entwicklungsgeschichte der Menschheit haben sich die modernen Menschen das Attribut „homo
sapiens" (= der weise Mensch) als eine schöne Selbstzu-
schreibung ausgedacht; ein Blick in die Gegenwart zeigt allerdings, dass dieses Wort nur eine Zielvorgabe sein kann.
Keines der beiden derzeit gängigen wirtschaftlichen Denk-
modelle, nämlich weder das bürgerliche noch das sozia-
listische, reichen aus, die Menschen in eine friedliche Zukunft zu führen; sie haben zu dem geführt, was wir gerade
haben: ein nicht zukunftsfähiges Verhalten. Die Weiterentwicklung der Theorie wird behindert durch massive interes-
sensorientierte Interventionen aus der Praxis.

Entgegen dieser Praxis haben sich als Optimum Kooperation und Kreativität, die sowohl für die individuelle als auch
für die demokratische Entwicklung gute Wegbegleiter sind,
herausgestellt. Für diese beiden geistigen Dimensionen
lohnt es, mitzudenken und mitzuwirken.

Die Aufklärung in ihrer geisteswissenschaftlichen Dimension (Descartes, Kant, Rousseau und co.) hat einerseits

die Demokratie befördert, aber durch die entfesselte Naturwissenschaft ist es zur unkontrollierten Ausbeutung der Natur gekommen.

Die Bekenntnisgemeinschaft Christentum hat sich als zu schwach erwiesen, gegenzusteuern; ihr fehlte die intellektuelle Stärke, die sie im Jahr 325 im Konzil von Nicäa zurückgelassen hat.

Die Spiritualität als Informationsaustausch zwischen Bewusstsein und Unbewusstem, in dem die Urnatur ruht, können die christlichen Kirchen immer weniger auslösen, weil sie dafür ihre Glaubensinhalte einsetzen; dieses Narrativ wird aber von den aufgeklärten Menschen immer weniger geglaubt. Wenn in der Natur des Menschen nicht auch ein Verantwortungsgefühl verankert wäre, würde er eine Fehlkonstruktion sein. Es scheint besser zu sein, nicht seine Natur, sondern seine Kultur zu kritisieren und um deren Korrektur zu ringen.

Die soziale Dimension war von der christlichen Kirche vorgeprägt; in ihrer Tradition gab es immer Männer und Frauen, die mit den Armen die Armut teilten, wenngleich diese Haltung vielen Vertretern der Oberkirche fehlte. Einer auf Gott und den Himmel hin orientierten Religion war ein Verständnis für die Natur als ökologische Dimension offensichtlich nicht so wichtig; bis zur industriellen Revolution stellte sich die Frage wenig.

Im Rahmen der Demokratischen Entwicklung ab der französischen Revolution sehen sich die Staatsführungen gezwungen, den sozialen Ansprüchen der Bürger nachzugeben und ihnen auch den Zugang zum Wohlstand zuzugestehen. Nun müssen die Gesellschaften in Zusammenarbeit mit der Wissenschaft mühsam beginnen, eine der technischen Möglichkeiten gemäße Ethik zu entwickeln – nämlich sowohl eine soziale als auch eine ökologische –; eine Ethik also, die der gesellschaftlichen Dimension des Menschen entspricht. Wissen stellen die Wissenschaften bereit; die Wege, die Besinnung initialisieren und handlungsleitend werden können, müssen erst noch getreten werden. Der Anspruch der Gesellschaft an die erwachsenen Menschen ist, Einsicht zu haben und der Einsicht gemäß zu leben; diesem Anspruch sollte auch eine demokratische Gesellschaft genügen.

10. Expansionismus als zentrales Problem

Es zeichnen sich zwei Wege ab, um diesem wechselseitigen Problemfeld Expansionismus zu begegnen: Der eine Weg ist der Versuch des „weißen Mannes", sich seinen erworbenen Startvorteil zu erhalten und den „Benachteiligten" eine Teilhabe am Luxus zu verunmöglichen und das Wachstum ihrer Bevölkerung durch Armut zu verhindern. Das war der Gedankengang des Thomas Malthus (1766 bis 1834 in England); dieser Gedanke existiert nach wie vor – sowohl in dieser krassen als auch in einer etwas abgeschwächten Form.

Ein erprobtes Mittel ist hingegen, den Mädchen und Frauen Bildung zuzugestehen. In einer Gesellschaft, für die es selbstverständlich ist, das natürliche Sterben durch den Einsatz von Medizin bis ins hohe Alter zu verschieben, ist es unverständlich, die Planung von Nachkommenschaft nach kulturellen Bedingungen nicht zu organisieren und dafür medizinische Hilfe in Anspruch zu nehmen.

Der Versuch, insbesondere der katholischen Kirche, eine friedensfähige Kultur durch Einschränkung der Sexualität herzustellen, ist als gescheitert anzusehen; ihr fehlt die Akzeptanz einer folgenlosen sexuellen Praxis, wie sie als Konsequenz des medizinischen Fortschritts notwendig geworden ist.

Offensichtlich ist in den USA die derzeit geführte Diskussion über dieses peinliche Thema eher männlich dominiert; da geht es um das Verbot der Abtreibung bei gleichzeitig billigend hingenommener Gefahr des Todes auf der Straße durch eine großzügige Waffengesetzgebung. Die Schwangerschaftsverhütung mit Hilfe der Kalendermethode nach Knaus-Ogino, die auch die katholische Kirche akzeptiert, hat wegen ihrer Unverlässlichkeit den volkstümlichen Namen „vatikanisches Roulette" bekommen. Frieden und ausreichende Einschränkung der Bevölkerungen sind nur alternierend zu haben.

Die Folge von übermäßigem Gebären und vorzeitigem Sterben ist in Europa nicht aus sich selbst heraus zu Ende gekommen, sondern durch Bildung insbesondere der Mädchen und Frauen und zumindest die Aussicht auf ein ausreichendes Einkommen. Wohl auch haben die Medizin und die Medizintechnik, die die Familienplanung unter Einschluss von Pille und Abtreibung leichter gemacht haben, einen wesentlichen Beitrag geleistet.

Die Weltbevölkerung betrug um Christi Geburt 300 Millionen und blieb auf dieser Zahl bis zum Jahr 1000. Um 1500 war sie auf 500 Millionen angewachsen und ist bis zum Jahr 1900 auf 2 Milliarden gestiegen und hat nun schon gleich 8 Milliarden erreicht.

Die Völker, bei denen die „Aufklärung" gegriffen hat (das sind die europäischen Länder, die USA, Japan, China und Indien, um nur die großen zu nennen), ist das Wachstum weithin beendet; diese Staaten wollen die genetischen und kulturellen Zustände erhalten und die Menschen, deren Integration in den eigenen Staat nicht gelingt, nicht zuwandern lassen. In diesem Zusammenhang ist das Schlagwort „Festung Europa" entstanden. Dieses kollektive Ziel in aller Härte durchzusetzen, wird konterkariert durch das auch häufig auftretende individuelle Mitgefühl, was auch umgekehrt gilt.

In der Politik führt das zur Gruppenbildung, wobei die einen die anderen als „Gutmenschen" und die anderen die einen als „Faschisten" oder als „Neonazi" bezeichnen. Um eine Eskalation in der Politik zu vermeiden, ist es heilsam, sich seiner eigenen Ambivalenz bewusst zu werden. Wenn der folgende Spruch auch aus einer anderen Sphäre kommt, will ich ihn doch hier einbringen: „hart ist hart und weich ist weich; aber immer weich ist auch hart". Gilt das etwa auch für das Nord/Süd-Problem aus europäischer Sicht und auch schon innerhalb Europas?

So gibt es wohl nur wenige, die eine allgemeine Öffnung der Grenzen Europas wollen; das würde Chaos bedeuten – und doch kommt es zur Dissonanz zwischen Verantwortungs- und Gesinnungsethik. Muss man alle Flüchtlinge zurück- schicken, damit niemand mehr den gefährlichen Weg übers Mittelmeer antritt. Alle abzuhalten, ist technisch schwierig, würde die humanistische Haltung vieler belasten und wäre auch wegen der Genfer Flüchtlingskonvention rechtswidrig.

Wem es allerdings recht ist, den eigenen Lebensraum in der gewohnten Form zu erhalten, dem müssen auch die entsprechenden Maßnahmen billig sein. Natürlich kann sich jeder auch weichere als die jeweils angewendeten staatli- che Maßnahmen ausdenken und sich so moralischer füh- len; aber in einem Text, der auch für die Exekutive Geltung haben soll, ist eine realistische Darstellung geboten.

Soll das Ziel hart sein, so wird man für seine Durchsetzung Härte einsetzen müssen; bei einem jährlichen Wachstum der Weltbevölkerung um 80 Millionen wird sich der Kon- flikt zwischen Sensibilität und Rationalität nicht ausschlie- ßen lassen; damit sich dieser Konflikt nicht auf der Straße abspielt, kann man ihn in seinen eigenen Kopf verlegen.

Aus humanistischer Sicht würde sich die Aufnahme vieler Flüchtlinge ergeben; doch der Jahrhunderte alte Brauch, zu Weihnachten Herbergssuche zu spielen, zeitigt keinen nachhaltigen Erziehungserfolg. Um eine funktionsfähige Demokratie zu erhalten, ist Vorsicht geboten.

Viele Flüchtlinge würden aus Ländern kommen, wo demokratisches Bewusstsein noch nicht selbstverständlich ist. Gerade deshalb kommen sie aus solchen Ländern, wo die gesellschaftliche Selbstorganisation nicht gut funktioniert. Das Bedürfnis, die Heimat nicht nur als geographischen, sondern auch als gesellschaftlichen Lebensraum erhalten zu wollen, muss man nicht unbedingt als nationalistisch diskriminieren. Aber natürlich spielt das leidige Nationalismus-Problem eine Rolle; die serbische Stammbevölkerung des Kosovo verschlief die Zuwanderung der benachbarten Albaner und wachte als Minderheit im eigenen Land auf.

Damit sich nicht so viele Bewohner der unterentwickelten Länder auf den Weg machen, müsste man einerseits die Erwärmung des Klimas eindämmen und andererseits könnte man das Verbot der Hehlerei im Völkerrecht realisieren. Dieses Verbot trägt im Inland viel zur Verhinderung von verschiedenen Verbrechen bei; es könnte für den internationalen Handel viel zur Verhinderung von Ausbeutung von Menschen und Natur als Fluchtursache beitragen. Ohne dieses Verbot sind wir auch bei Menschenrechtsverletzungen wie Kinderarbeit im Ausland machtlos.

Das Massenangebot billiger Textilien zeigt, dass Hehlerei unbestraft bleibt. Unlängst hat es in der Schweiz eine Volksabstimmung gegeben, in der die rechtliche Verantwortung einheimischer Firmen für ihre Subfirmen im Ausland gefordert wurde. Die Abstimmung war eine soziale Pioniertat und hätte, wenn sie nicht verloren worden wäre, einen wesentlichen Beitrag zur Ethik gebracht. Was in den entwickelten Ländern normal ist, wird den Entwicklungsstaaten vorenthalten.

Die Gesinnungsethik greift auf einen ethischen Aspekt zu, und den hält sie für absolut. Die Verantwortungsethik lässt sich aus mehreren, das heißt aus allen einschlägigen, Aspekten ableiten und entspricht damit, wenn sie gelingt, der Weisheit. So wird etwa ein ethisches Gewaltverbot relativ, es lässt Verteidigung zu.

Ein anderer Gedanke, dem Expansionismus entgegenzusteuern, besteht darin, die Sinnhaftigkeit der Wirtschaftsentwicklung zu hinterfragen. Den zwei Milliarden Menschen im Wohlstand (den Europäern, US-Amerikanern, Japanern und bald schon Chinesen) stehen sechs Milliarden in der sogenannten Dritten Welt gegenüber; Dabei brauchen die 2 Milliarden privilegierten, „hoch entwickelten" Menschen ein Mehrfaches, vielleicht sogar ein Vielfaches der Substanz der Welt. Also tragen wir zu der Ausbeutung und Schädigung der Welt viel mehr bei und bilden dazu noch ein schlechtes Vorbild.

Vor fünfzig Jahren war China ein Land der Radfahrer; um auf die Überschuss-Produktion in Europa und Amerika zu reagieren, kam es zum Handel mit China. Durch den Kulturtransfer ist auch die chinesische Wirtschaft gewachsen; und die Chinesen sind vom Fahrrad aufs Auto umgestiegen. In Europa drängt nun eine fortschrittliche Umweltpolitik, die Menschen zu bewegen, statt im bequemen Auto zu sitzen, auf das sportliche Fahrrad umzusatteln. Wenn es gelingen sollte, müssen uns die Chinesen auch das nachahmen, wenn sich ein Erfolg einstellen soll.

Wenn man der Menschheit ein friedliches Weiterleben vergönnt, sind wohl beide Expansionen auf den Prüfstand zu stellen. Die Menschen in den warmen Zonen der Welt zeugen zu viele Kinder, die dank der westlichen Medizin auch in die Reproduktionsphase kommen; die Menschen in den kalt-gemäßigten Zonen sind zu fleißig, sodass durch den Beitrag der mathematisch/technischen Entwicklung das Wirtschaftsvolumen zu groß ist. Auch dafür scheint ein unverkrafteter Import ursächlich zu sein, nämlich die Übernahme des indischen Zahlensystems (siehe nächstes Kapitel).

Dass bei kalten Temperaturen eine Kultur entsteht, die auf Aktivität und Leistungsstärke ausgerichtet ist, ist verständlich; dass aber diese Verhaltenstradition trotz völlig veränderter Umstände und zum Schaden der Gesellschaft auch weitergeführt wird, kann nur durch Wahrnehmungsschwäche erklärt werden. In Mittel- und Nordeuropa haben die eher kalten Temperaturen eine Fleiß-Kultur entstehen lassen, die durch die Klimatisierung unserer Wohn- und Arbeitsräume ihre reale Ursache verloren hat. Die Ernährungswissenschaft hat auf die geänderten Temperaturverhältnisse reagiert und empfiehlt statt österreichischer Hausmannskost Mittelmeer-Diät; analog dazu könnte die Wirtschaftswissenschaft statt euro-amerikanischer Hektik auch mediterrane Siesta-Kultur empfehlen.

Gegen das Bevölkerungswachstum, das wohl mit dem starken Sexualtrieb zusammenhängt, kann nur eine potente Kulturleistung wirken. Anders ist es bei der Gestaltung der Wirtschaft. Leistungs- und Ruhebedürfnis sind zwei etwa gleich starke Komponenten des Lebensvollzugs, für deren Gleichgewicht sich die Kultur nur zu entscheiden braucht; die Kultur braucht hier nicht gegen die Natur ankämpfen, sie braucht nur klug entscheiden. Der Expansionismus durch Bevölkerungswachstum und der Expansionismus durch Wirtschaftswachstum sind Folgen von Potenzen, die ohne Rücksicht auf gesellschaftliche Wirklichkeiten ausgelebt werden.

Die massive Nutzung der Ölfelder des Vorderen Orients, die den Wohlstand des Abendlandes wesentlich befördert hat, ist eine Ursache für die Klimakrise; der Verkauf dieses Bodenschatzes hat aber auch in den Produktionsländern die Beschaffung von Nahrung und damit ein gigantisches Bevölkerungswachstum ermöglicht. Nun kommen diese Völker aber auch mit sich selber nicht mehr zurecht, sodass es häufig zum Krieg und dadurch zur Vertreibung vieler dieser Bewohner kommt; sie folgen ihren Bodenschätzen wie etwa entlang der Pipelines in die Gewinnerstaaten.

Wenn früher Krankheiten, Seuchen und Naturkatastrophen das „natürliche Wachstum" der Bevölkerungen nicht genug einschränkten, blieb der Krieg mit seiner „postnatalen Abtreibung" als Ultima Ratio über. Zu einem kleineren Teil wird diese Funktion in Europa durch pränatale Abtreibung erfüllt; in der Schweiz kommt eine Abtreibung auf acht Geburten (in Österreich ist eine diesbezügliche Statistik verboten). Den überwiegenden Anteil an der Verhinderung von durch Kinder überlastete Familien und durch Überbevölkerung geht in den Staaten mit aufgeklärten Bevölkerungen auf die Empfängnisverhütung, die ja recht praktikabel geworden ist, zurück.

In Indien und in China gibt es eine hohe Zahl von Abtreibungen von insbesondere weiblichen Föten, um der Armut und damit gewaltsamen Verteilungskämpfen zu entgehen. Nach der Gesinnungsethik gelten die Werte als absolut; nach der Verantwortungsethik sind sie relativ und allenfalls eintauschbar. Um in der Verantwortungsethik trotzdem ethisch zu bleiben, bedarf es einer sensiblen Werteeinschätzung. Das Verbot von Waffenexporten in kriegführende Staaten, um den Luxus in Europa zu gewährleisten, wäre eine solche Einschränkung; der Vollzug bleibt allerdings ein Problem.

In den wirtschaftlich wenig entwickelten Ländern spielen einzelne Menschen ökologisch keine so große Rolle, wohl aber die Gesamtzahl. In reichen Volkswirtschaften ist die Belastung des Lebensraumes durch Arbeit, Konsum und durch Abfälle ein Vielfaches im Vergleich zu den Menschen in wenig entwickelten Volkswirtschaften. Das Bruttoinlandsprodukt zeigt Unterschiede bis und über das Fünfzigfache pro durchschnittlichen Einwohner. Das bedeutet, dass eine Milliarde Menschen aus wenig entwickelten Ländern die Welt so belasten wie zwanzig Millionen in den hoch entwickelten Ländern.

Durch den Ölverbrauch im großen Stil ist ein doppelter – ein ökologischer und ein sozialer – Gesamtschaden entstanden. Die Bevölkerungen in den Ölstaaten hätten ohne diese Exporte niemals so anwachsen können; die Antwort auf die Frage, wie die Menschen dieser Staaten bei einem allfälligen Rückzug der Weltökonomie aus der Ölnutzung überleben werden können, ist derzeit auch noch offen.

Eine ideologisch bedingte Konfliktursache ergibt sich daraus, dass die islamische Gemeinschaft („Ummah") auch Vorstellungen von der Nutzung mancher Güter hat. Für Wasser, das Meer und für Bodenschätze (insbesondere Eisen, aber natürlich auch für das Öl) wird eine gesellschaftliche Nutzung beansprucht; die Nutzung über das kapitalistische Regelwerk ist für die Muslime eine Provokation. Immerhin hat das Schicksal einer Reihe von islamischen Ländern Ölreichtum beschert; ein großer Teil dieses Nutzens wird im Ausland genossen. Aus der Beleidigung des Selbstwertgefühls entsteht eine provokante Haltung.

Die Haltung des Islam zu den Frauen und damit zur Familienplanung ist ambivalent; berufen sich die Moslems auf die Scharia, so ist eine patriarchalische Ordnung vorgesehen, berufen sie sich auf das Verhältnis Mohammeds zu seiner Tochter Fatima, so kommen den Frauen Bildungs- und Entscheidungsrechte zu. Die Dominanz einer dieser beiden Möglichkeiten wirkt sich deutlich auf die Zahl der Kinder aus. Im Iran ist die Bildung der Frauen hoch und die Fertilität durchschnittlich unter zwei Kindern; in Afghanistan dürfen sich die Frauen den Männern gesetzlich nicht verweigern und ihre Fertilität beträgt wahrscheinlich mehr als fünf Kinder. China hat mit den muslimischen Uiguren und Myanmar mit den ebenfalls muslimischen Rohingyas einschlägige Probleme.

Der religiöse Fundamentalismus der Moslem ist wahrscheinlich die Folge davon, dass sie trotz des Ölreichtums in vielen Ihrer Staaten durch die westliche Wirtschaftsform keine diesem Zustand entsprechende wirtschaftliche Situation vorfinden; weil sie nicht haben können, was sie sich wünschen, gehen sie in den Terrorismus. Glauben macht stark, aber nicht vernünftig.

Die Frage, wie der Westen darauf reagieren kann, muss immer neu gestellt werden. Als sich Bin Laden und seine Terrorkameraden in Afghanistan versteckten, versuchten einige westliche Staaten den weltweiten Terror zu besiegen; viel weniger hat man versucht, die westlastige Wirtschaft sozial- und ökoverträglich zu machen. Die Schwierigkeiten in der weiten Welt sollten uns aber nicht aufhalten, die von uns verursachten Probleme zu lösen. Luxus kann Neid und Hass auslösen; mit dem Problem müssen wir leben.

Werden es Demokratien sein können, die genügend Durchsetzungskraft aufbringen, zumindest den eigenen Konsum auf ein verantwortliches Maß zu reduzieren beziehungsweise umzustellen? Allenthalben entstehen schon Demokratien mit stark autoritärem Charakter. In diesem Fall hoffen die Bürger, ihren Lebensstandard im eigenen Staat aufrechterhalten zu können und notwendige Einschränkungen anderen zu überlassen. Die Zahl der Menschen, die das Vertrauen in ihre Demokratie verloren haben und sich einen starken Mann wünschen, ist im Steigen begriffen; das ist ein Phänomen unsicherer Zeiten.

Ein System muss sensibel genug sein, anstehende Probleme zu erkennen, und stark genug, dieser Einsicht gemäß zu handeln. Das verwöhnte Europa konnte Jahrhunderte lang viele seiner Probleme durch Ausbeutung der Kolonien lösen. Aber diese herrliche (herrschaftliche) Zeit hat begonnen, aufzuhören; die fortschrittlichen Staaten sind längst dazu übergegangen, ihren Luxus auf Kosten zukünftiger Generationen aufrechtzuerhalten. Die Nutzung der schwachen Länder muss Europa mit den USA und mit China teilen. Übrigens haben die westlichen Staaten den Chinesen erst ermöglicht, so schnell Stärke zu erlangen, weil sie als Abnehmer westlicher Überproduktion eine Gegenentwicklung aufbauen mussten und konnten.

Wenn weiterhin der Wettbewerb um die Weltherrschaft auf dem ökonomischen Feld ausgetragen werden sollte, hat China mit seinen Ressourcen und der Verbindung von Kapitalismus und Kommunismus gute Chancen, Gewinner zu werden und das Leben auf der Erde zu dominieren; ein solches Leben entspricht aber den Bedürfnissen und den Sehnsüchten des westlichen Menschen nicht recht und ist auch nicht zukunftstauglich. Nur eine Kooperation der Kräfte, die die Humanität in ihr Zentrum nimmt, kann uns vor einer chinesischen Zukunft bewahren.

Von den Angehörigen der hochentwickelten Völker wird gern das Wachstum der unterentwickelten Völker als Ursache des Menschheitsproblems angesehen; die Nutzung des Mittelmeeres und eine Mauer an der Grenze zu Mexiko löst jeweils nur ein Teilproblem – nämlich die Wanderung von Süd nach Nord zu behindern. Das Grundproblem der gegenwärtigen und wohl auch der zukünftigen Menschheit ist der technische Fortschritt, der so erfolgreich viele Teilprobleme löst, und gleichzeitig etliche essentielle Probleme erzeugt.

11. Ein Problem der Philosophie

Um die ambivalenten Folgen der Technik zu verstehen, ist es angezeigt, einen wichtigen Aspekt ihrer Entwicklung zu beleuchten. Über die Vermittlung der Araber, die mit ihrem Islam am Anfang des 2. Jahrtausends eine politische und eine kulturelle Blüte erlebten, kam nicht nur die griechische Philosophie, sondern auch das indische Zahlensystem nach Europa. Mit Hilfe des früheren Zahlensystems, das aus dem vorderen Orient gekommen war und mit den römischen Zahlen in Europa Eingang gefunden hatte, wurden durchaus erstaunliche wissenschaftliche Leistungen erbracht; aber das neue dekadische System mit der Null führte zu einer massiven Erweiterung der Rechenleistungen und ist Grund für das massive Größenwachstum der Technik und Voraussetzung für die Entwicklung der Informatik.

Die Null, die wesentlich für die moderne Rechentechnik ist, ist in der indischen Philosophie etwa als Nirwana auch ein wichtiger Faktor, der ein Gegengewicht gegen das Ewigkeitsgefühl, das in Europa verbreitet ist, darstellen sollte. Das christliche Abendland hat aus dem System nur die Rechentechnik und die sich aus ihr ergebende Rationalität herausgenommen; die Kausalität, die einerseits ein Subsystem der Rationalität ist, als philosophische Dimension aber über sie hinausgeht, ist kaum wirksam geworden. Mit dem mächtigen Instrument Rationalität ist eine Kultur aufgebaut worden, deren Weiterführung in absehbarer Zeit zum Kollaps des menschlichen Lebensraums führen kann und damit wohl auch die Menschheit in ein schwerwiegendes Problem bringen könnte.

Die demokratisch strukturierte Lehre des Wanderpredigers Jesus von Nazareth könnte den Menschen genügende demokratische Bodenhaftung geben und dem Macht- und Expansionsbedürfnis der weltlichen Reichsidee eine Grenze setzen. Immerhin hat er gesagt, sein Reich sei nicht von dieser Welt. Christus hat jedenfalls für den westlichen Kulturraum die Friedensidee in die Welt gesetzt; Probleme mit der Umsetzung gibt es allerdings bis heute, weil eine Methode für seine Umsetzung noch nicht gefunden worden ist. Dem Bedürfnis nach Frieden steht das Bedürfnis nach Sieg entgegen.

Das Christentum hat sich durch die Konstantinische Wende (Kaiser Konstantin von 277 bis 337) und den Aufstieg zur Staatsreligion unter Kaiser Theodosios (347 bis 395) zu einem System entwickelt, das auch weltliche Macht anstrebte. Der Kirchenlehrer Augustinus von Hippo (354 bis 430), der die Lehre vom gerechten Krieg entwickelt hat, hätte die Kriege Konstantins, die den Christen die Befreiung von der Verfolgung einbrachten, kaum als gerechtfertigt angesehen; Konstantin schätzte Christus, weil er unter seinem Zeichen, dem Kreuz, im Machterwerb erfolgreich war.

Während in den Anfangsjahren der christlichen Kirche die Amtsträger Diakon (= griechisch Helfer), Presbyter (= Vorsteher, Priester) und Episkopus (= Bischof oder Aufseher) durch das Los (Klerus = Tonscherbe) – also demokratisch – bestimmt wurden, entwickelte sich erst im Laufe der Zeit ein hierarchisches System: der Unterschied von Klerus (Geistlichkeit) und dem Laien als Angehöriger des Volkes (Laios) wuchs.

Die Bezeichnung der Amtsträger der jungen Kirche weist auf eine Verwaltung nach griechischem Stil hin; der ein-Gott-Glaube entspricht der jüdischen Stammreligion. Es hat aber gewiss auch einen starken Einfluss der Sekte der Essener gegeben, die griechische Philosophie und buddhistische Erkenntnistechnik ins Spielgebracht hat. Deren hohe ärztliche Kunst ist als Interesse im Judentum geblieben – so ist jeder dritte Medizin-Nobelpreis an einen Juden vergeben worden; die Heilkunst Christi ist nur als Wunderglauben überliefert worden.

Papst Gregor I. (540 bis 604) vollzog einen großen Karrieresprung, indem er die Lehre Christi, der die Menschen um sich als „Brüder" bezeichnete, umdeutete und sich „Vater" (Papst) nennen ließ und als Stellvertreter von Gott darstellte, was so auch geblieben ist. Die Anfangsjahre waren nach Christus brüderlich, also demokratisch, geprägt; durch das neue Selbstverständnis wurde die flache Hierarchie der Anfangsjahre ziemlich steil und näherte sich der römischen Reichsidee. Eine ähnliche Technik hat auch Mohammed mit dem Satz „Allah ist groß und ich bin sein Prophet" angewandt.

Die frühe Kirche war insofern revolutionär demokratisch, als sie das Wirtschaftssystem des Imperium Romanum, das auf Ausbeutung sowohl von Sklaven als auch von fremden Völkern ausgerichtet war, in Frage stellte; mit seiner Vorstellung von der Brüderlichkeit der Menschen und als judäischer Freiheitskämpfer war Christus ein Feind des Römerreiches. Die Christenverfolgung gehörte zum Überlebenskampf des römischen Systems. Mit der Zeit mäßigte die Kirche ihren sozialen Anspruch und arrangierte sich mit der Macht. Der Rückblick ist insofern peinlich, weil die frühe Kirche die Sklaverei ablehnte, damit das römische Wirtschaftssystem unterminierte und dafür verfolgt wurde; die spätere Kirche hat hingegen dazu beigetragen, die freien Bauern nördlich der Alpen in Leibeigene umzuwandeln. Ein

Spruch der Bauernbefreiung lautete: „Als Adam grub und Eva spann, wo blieb denn da der Edelmann?"

In der sozialen Frage gibt es auch heute noch den schon länger andauernden Widerspruch. Während Franziskus, der gegenwärtige Papst, auch für die Menschenrechte und die Umwelt eintritt, wird er von etlichen Angehörigen der Kurie (das ist die Verwaltung des Vatikans) kritisiert, weil er die „eigentliche Aufgabe der Kirche", nämlich den Menschen auf dem Weg in den Himmel zu helfen, vernachlässige. Genügen Himmel und Almosen als Sozialprogramm oder ist ein tragfähiges Sozialsystem erforderlich.

Jedenfalls gab es ab dem 6. Jahrhundert zwei Kirchen aus einem Stamm; und zwar den Ast der brüderlichen, die mit dem Namen Franz von Assisi (1181 bis 1226) verbunden ist, und den patriarchalischen, deren Päpste mit den Kaisern des Heiligen Römischen Reiches deutscher Nation um die Vorherrschaft ritterten.

Ein dritter Ast aus dem Stamm der Christus-Nachfolge, dessen Zweige die Gnosis und das Thomas-Apokryph waren, wurde durch das Konzil von Nicäa (325) verboten und jedenfalls nicht in die herrschende Lehre aufgenommen. Vielleicht ist die etwas diskriminierende Darstellung des Heiligen Geistes als der dritten Person im christlichen Götterhimmel ein Indiz dafür, dass die einschlägige Kunst den Heiligen Geist nur als Taube und damit schwächer als die ersten zwei Personen dargestellt hat.

Dieser Ast ist verbunden mit der jüdischen und der griechischen Philosophie und könnte wegen seiner intellektuellen Art dem Heiligen Geist zugerechnet werden und hatte mit dem indischen Yoga und mit dem Mönchsbuddhismus eine gewisse Verwandtschaft, weil diese auch intellektuelle Gruppierungen sind; in manchen Fällen wirkten Christen und Buddhisten auch zusammen.

Die griechische Philosophie kannte mit den Worten Pathos, Ethos und Logos die Trinität für die Kommunikation der Menschen. Pathos ist das Vermitteln von Gefühlen, Ethos der Verhaltenskodex und Logos die Rationalität. Das Christentum hat seit Nicäa auf den Logos verzichtet und hat ihn durch Gläubigkeit ersetzt; es hat die Ethik auf den Himmel hin ausgerichtet und hat in den Gottesdiensten ein kulturell hochstehendes Pathos erreicht. Pathos fördert eher die Emotionen; obwohl sie Gefühle sind, sind sie in einer gewissen Weise auch das Gegenteil von sensibler Wahrnehmung.

Der Islam legt mit dem Koran sein Schwergewicht überhaupt auf das Verhalten und hat mit der Scharia als seinem Rechtssystem sicher mehr Schwierigkeiten als das Christentum, dem Anspruch der humanen Entwicklung gerecht zu werden. Es geht um den Verzicht auf überholte und die Übernahme aktuell notwendig werdender Regeln.

Es ist immer schwierig, Ethik und Verhalten miteinander in Einklang zu bringen. Jedenfalls in Europa haben sich die Gläubigkeit und der Gehorsam an die Kirchengesetze nicht recht erhalten; insbesondere die Sexualmoral der Kirche wird wenig ernst genommen, sodass zumindest die Familienplanung das Bevölkerungswachstum abgeschwächt hat. In der Zeit des Zweiten Vatikanischen Konzils gab es den Spruch „Die katholische Kirche ist eine absolute Diktatur, gemildert durch den Ungehorsam der Kleriker". Die Zukunft wird zeigen, wie weit sich das autoritäre Christentum an die demokratische Lebensordnung annähern wird und die Bürger einer natürlichen Ethik gerecht werden.

Der Verzicht der Kirche auf die philosophische Dimension wuchs sich in der Renaissance und in der Aufklärung zu einem schwerwiegenden Problem aus; die Glaubensgemeinschaft war dadurch geistig geschwächt und war nicht fähig, mit der aufkommenden Naturwissenschaft eine angepasste Ethik zu entwickeln. Die Industrialisierung begann ihren Siegeszug und mit ihr die Ausbeutung der Welt, lange bevor die Wissenschaften mit Soziologie, Psychologie und Psychiatrie starteten; langsam erst beginnen diese zu wirken. Langsam auch beginnen einzelne Naturwissenschaften, sich dem Desaster zu widmen, das durch sie anzurichten möglich war.

Die Yoga-Schule, in der ich Meditation lernte, liegt da, wo die Ganga das enge Tal zwischen den Himalaya-Bergen hinter sich lässt und sich in die Ebene hin verbreitert. Das erste Mal fuhren meine Frau und ich mit der Eisenbahn und durch Afghanistan mit dem Autobus nach Indien; da erfährt man, wie weit das ist. Diese Schule beruft sich auf die Saraswati (die Göttin der Weisheit); der Yoga als intellektueller Zweig des Hinduismus verwendet durchaus religiöse Termini; der Kern-Buddhismus verzichtet auf dieses Mittel der Emotionalisierung der Lehre, ist aber darüber hinaus dem Yoga eng verwandt.

Die Yoga-Theorie zeigt drei Wege auf, die je nach dem Bedürfnis der Menschen gewählt werden können. Diese drei Wege sind der Trinitätslehre der christlichen Religion nahe; sie nehmen entweder die Verehrung in ihr Zentrum, die Tat oder die Erkenntnis.

Eine der Meditationsmuster im Yoga besteht darin, sich auf eine Vorstellung eines Gottes oder eines hochqualitativen Ortes, der auch Himmel sein kann, zu konzentrieren;

Gott ist das Synonym für „Alles", das in Sanskrit mit dem OMZeichen dargestellt und mit dem AUMLaut ausgesprochen wird. Die christliche Kirche braucht für diesen Vorgang den Glauben; im Yoga ist es ein Ergebnis der meditativen Erfahrung, des abstrakten Denkens oder bloß eine Sache der Vorstellung.

Dass der Glaube zur Gelassenheit und zur Stärkung der Resilienz beiträgt, ist unbestreitbar; dass aber auch eine intensive Vorstellung dafür ausreicht, ist immerhin erstaunlich. Hinduismus und Buddhismus als Volksreligionen haben im Gegensatz zu Yoga und zu den buddhistischen Meditationen einen großen Glaubens- und Ritualanteil.

Die Gnosis (= griechisch Erkenntnis) war der Versuch, die menschlichen Grundfähigkeiten Denken und Empfinden – also Philosophie und Religion – beieinander zu lassen. Darum bemühten sich trotz grundsätzlichen Verbots auch die christlichen Mystiker wie Hildegard von Bingen (1098 bis 1179) oder Meister Ekkehart (1260 bis 1328), die sich auf eine Religion mit Erkenntnisdominanz statt auf eine Religion mit Glaubensdominanz einließen. Ein Glaubenszwang ist der Dominanz eines juristischen Denkens geschuldet und nicht der Spiritualität, deren Wesen Lockerheit ist.

Der deutsche Philosoph Friedrich Nietzsche (1844 bis 1900) meinte, er würde gern Christ werden, wenn die Christen erlöster ausschauen würden; auch heute noch sind die Abendländer keine Weltmeister der Heiterkeit und schauen nicht sonderlich erlöst aus. Religionen beruhen auf alten Erfahrungen, die häufig in einer mystischen Sprache übermittelt werden; die Mystik ist eine tradierte Methode, die Schaltstelle vom Bewusstsein zum Unbewussten und umgekehrt in Funktion zu setzen. Der moderne Mensch kommt damit wenig in Kontakt und verliert daher auch den Kontakt mit seinem Unbewussten. Das Unbewusste hat aber sehr viel mit der Steuerung des konkreten Lebens zu tun.

Fühlt man sich mit sich selbst und damit der Natur, der Welt oder mit Gott im Einklang, so genießt man eine lockere Stimmung und fühlt sich erlöst. Auch wenn eine solche Stimmung nur kurz und nur selten eintritt, strahlt sie Helligkeit auf das übrige Leben aus. Glaubt man aber alles, was die jeweilige Religion predigt und verlangt, so wird es ernst und die Menschheit verliert ihre Anpassungsfähigkeit. Und wenn die Religion eine Hölle ins Spiel bringt, so wird das Lustspiel zum Trauerspiel.

Nimmt man die obige Dreiteilung, die sich auch metaphysisch zeigt, und vergleicht sie mit dem konkreten Leben, so wird sich das folgende Bild ergeben: Die Liebe und die Sexualität, die einen starken Bezug zum Unbewussten haben, bilden ein Lustspiel; die Schwangerschaft und die Geburt eines Kindes bringen Verantwortung ins Leben und es wird ernst und eine überfordernde Kinderzahl führt zu einer familiären oder gesellschaftlichen Hölle.

Der Unterschied der familiären Bindung zur Religion besteht darin, dass die Religion ein menschliches Kulturkonstrukt ist, während der Vorrang der Liebe der Eltern zu ihren Kindern von der Natur her vorgesehen ist und viele Belastungen der Eltern von der natürlichen Bindung mitgetragen werden. Glaubensbekenntnisse spalten die Anhänger der verschiedenen Glaubensgemeinschaften. Eine Besinnung auf die inneren Werte, die für alle ähnlich sind, würde sie vereinen. Um sich der „inneren Werte" bewusst werden zu können, bedarf es einiger Entspanntheit, Dogmatik wirkt hier eher kontraproduktiv.

Eine Parallele der mystischen Erfahrung von Freude, Ernst und Hölle ergibt sich auch mit der Arbeit. Eine passende Arbeit tut jeder gern, mit einer fremdbestimmten unpassenden Arbeit wird es ernst und die Vergewaltigung der Natur durch Arbeit, was derzeit geschieht, führt auch in die Hölle.

Der nun pensionierte Oberrabbiner von Wien, Paul Heim Eisenberg, meinte, eine Religion ohne Humor sei fundamentalistisch; Heiterkeit ist tatsächlich ein Zeichen der Verbundenheit mit dem Unbewussten und hilft so der Kreativität. Mit dem zweiten Vatikanischen Konzil ist die katholische Kirche der Rationalität gefolgt und hat ihren fundamentalistischen Anspruch aufgegeben; damit ist sie von der Eindimensionalität abgerückt und hat der Vielfalt Raum gelassen.

Die Yogapraxis und ihre Theorie teilen dem Bewusstsein fünf Schichten zu. Die äußerste ist das Körperbewußtsein, die zweite Schicht zeigt Atmung und Energie, die dritte das Denken, die vierte die Erkenntnis und die fünfte, also die innerste Bewusstseinsschicht, ist Seligkeit. Gemeinsam mit den anderen mystischen Richtungen sieht der Yogi die Seligkeit in seinem Innersten. Alle Mystiker berufen sich auf entsprechende Erlebnisse; manche haben diese Erfahrung durch genaue Beobachtung der Gehirnprozesse empirisch gewonnen.

Viele Menschen können ihre erlöste oder selige Stimmung aus der Verliebtheit auf die Stufe der Verantwortung für ihre Kinder mitnehmen; sie auf die Stufe der Überlastung mitzunehmen, gelingt aber wahrscheinlich nur sehr wenigen; die Erreichung dieser dritten Stufe kann aber hoffentlich verhindert werden. Für das Beispiel Arbeit ist interessant, dass Überlastung und Zerstörung unseres Lebensraumes mit der Verspannung und Überlastung vieler Menschen einhergehen.

Nun aus der zeitlosen Aktualität zurück zum Mittelalter. Der hohe Entwicklungsstand der mittelalterlichen Klostermedizin lässt die Vermutung aufkommen, dass diese Kulturstätten neben der naturwissenschaftlichen Sphäre auch eine hoch entwickelte Spiritualität hervorgebracht haben; in den Klöstern hatten die klassischen griechischen Wissenschaften Eingang gefunden.

Zu dieser Zeit öffnete sich auch der Islam diesen Wissenschaften und erlebte eine kulturelle Blütezeit. Eine Religion kann durch die Bündelung der individuellen Emotionen eine große gesellschaftliche Energie hervorbringen. Die Qualität der Nutzung dieser Energie ergibt sich aber erst aus der benützten Rationalität und dem vorhandenen Wissen. Durch Gläubigkeit veranlasste der Islam eine Vitalität, die zu Eroberungen von Nordafrika bis nach Spanien geführt hat; unter Mitwirkung einer erworbenen Philosophie, die in diesem Fall griechisch war, kam es aber erst zu einer hochstehenden Kultur, die sich nicht nur in Medizin und Architektur zeigte, sondern in der Politik auch zur Toleranz führte. Diese Kultur wurde gewaltsam beendet; in Bagdad durch die Mongolen im Jahr 1256 und in Spanien durch die Reconquista im Jahre 1492 durch die Königin Isabella von Kastilien.

Heute hat die Naturwissenschaft den Code zur Öffnung der Schatztruhe Welt geknackt; es bedarf der Besinnung, um diese Möglichkeit verantwortlicher zu nützen. Religion müsste wieder Besinnung werden, was sie ursprünglich war.

Der Mystiker aus dem Mittelalter, Ekkehart, hat der modernen Gehirnforschung insofern vorgegriffen, indem er die für den Menschen sowohl notwendige als auch nützliche Information in ihn hineindenkt; der Mensch hat also genügend Kapazität, um ein glückliches individuelles Leben ansteuern zu können. Nach seinem religiösen Sprachgebrauch, wonach Information ein Aspekt Gottes ist, hat der Mensch einen göttlichen Wesenskern; das System kann aber auch areligiös verstanden werden. Der Gottesfunke im Menschen ist aber kein Teil eines Gottes mit Herrschaftsanspruch, er genügt der Selbstorganisation. Jedenfalls bleibt der übergroße Teil der Information außerhalb des Menschen etwas, dem mit Respekt zu begegnen wäre.

Ekkeharts Vorstellung unterscheidet sich von der allgemein-christlichen; für ihn ist Gott der Geist in allem, was ist (also von Kosmos und Welt oder der geistige Kern im Menschen), und nicht ein externer Organisator. Diese zwei Vorstellungen sind ein Ergebnis eines abstrakten Denkvorganges und sind in sich und durch sich natürlich nicht beweisbar; sie wirken aber auf den Menschen zurück. Man braucht sich diese Vorstellungen auch gar nicht machen, aber ohne die Nutzung der Fähigkeit zum abstrakten Denken, das gemeinsam mit Empfindung auftritt, bleibt man hinter den natürlichen Möglichkeiten zurück.

Die Idee Ekkeharts vom göttlichen Kern in jedem Menschen, die von der Kirche verworfen wurde, entspricht der Grundidee des Yoga; im agnostischen Buddhismus wird das Buddha-Natur genannt. Dieser Gedanke der beiden verwandten indischen Philosophien bereitet der Christologie die größten Schwierigkeiten, weil diese Struktur nur Christus zugedacht wird.

Neben dem großen Bereich der körperlichen und geistigen Entwicklung sowie des autonomen Funktionierens des Körpers gibt es auch eine geistige Funktion, die Empfehlungen für ein optimales individuelles und soziales Verhalten gibt. Damit ist die Transzendenz nicht der spirituelle Verkehr zwischen Erde und Himmel, sondern die Kommunikation des Bewusstseins mit dem Unbewussten. Und das Gewissen ist nicht bloß etwas Eingebläutes, sondern bei vorhandener Sensibilität die Information des Wesenskerns, manchmal sogar bis ins Bewusstsein. Eine historische Weisheit gewinnt an Plausibilität, wenn sie auch mit aktuellem Wissen verstanden werden kann; übrigens weiß man heute über das Leben Christi und über die Psyche mehr als im 4. Jahrhundert.

Wenn sich die Meditation als „rekursive Schau" auf seine Gehirnfunktionen richtet, ist sie das Mittel, „Licht ins Dunkel" zu bringen und dadurch bessere Lösungen zu finden; normalerweise merkt man nur die Ergebnisse der Gedanken und der Empfindungen und nicht den Prozess an sich.

Der häufig feststellbare Denk- und Informationsmangel, der das menschliche Leben behindert und erschwert, ist nun kein theoretisches Problem, das mit Erbsünde zu erklären wäre, sondern ein praktisches, das durch Anstrengung überwindbar ist. Der eine Ast der religiösen Trias ist, dem Leid mit spirituellem Trost zu begegnen; der andere, bei Leid materiell zu helfen; und der dritte ist, den Eintritt von Leid durch Erkenntnis zu verhindern.

Der Faktor Tröstung durch die christlichen Kirchen funktioniert nach wie vor; die Zahl ihrer Mitglieder in einigen Ländern mit viel Armut steigt. Den Faktor Besinnung, der in den reichen Ländern wegen der vielen unsinnigen Zerstörungen notwendig wäre, können die christlichen Kirchen nicht glaubhaft anbieten.

Vernunft ist, wenn sich die Komponenten Rationalität und Sensibilität verbinden; tun sie das nicht, so können sich im

Spalt dazwischen die Sozialgifte wie Hass, Gier und Egoismus ansiedeln. Verbinden sich nun diese Gefühle mit der Rationalität, so zeigt das schlimme Folgen. Ein häufig genanntes Beispiel hierfür ist der Holocaust, häufig übersehene Beispiele sind alle Arten von Ausbeutung, die nach wie vor durchaus rational ausgeübt werden.

Da in den Gesellschaften Egoismus häufig als negative Eigenschaft erkannt wird, führt das immer wieder zu einer unqualifizierten Unterdrückung der „Ich"-Werdung, was entweder zu einem Minderwertigkeitsgefühl führt oder wodurch sich das angegriffene Ich zu einem starken Egoismus auswächst. Selbstbewusstsein hingegen ist eine wichtige Eigenschaft; es ist die Trägerqualität von Eigen- und Sozialverantwortung.

Durch den Verzicht auf Ekkeharts Gedanken sind die Sphären von Glauben und Denken beziehungsweise fühlen auseinandergedriftet, was sich deutlich in der Renaissance (16. Jh.) und in der Aufklärung (18. Jh.) gezeigt hat, wo Denken und Fühlen, also Wissenschaft und Religion, nichts mehr miteinander zu tun hatten und in Konflikt gerieten.

Wären die beiden Kirchenrebellen Franz von Assisi mit seinem ökologischen Grundverständnis und Meister Ekkehart mit seinem positiven Menschenbild nicht nur toleriert worden, sondern zu gestaltenden Kirchenvätern aufgestiegen, würde die christliche Kirche den Anforderungen unserer Zeit besser gewachsen sein.

Trotz aller Entwicklungshemmungen hat die Kirche letztlich im Fahrwasser der Wissenschaft 1931 die moderne christliche Soziallehre entwickelt – würde sie ernsthaft durchgesetzt, könnte sie ziemlich viel leisten.

Nach dem Zweiten Weltkrieg wurde in Österreich in Kooperation der beiden großen Parteien zur Entschärfung des Wirtschaftsliberalismus die Sozialpartnerschaft eingeführt; Joseph Riegler, ÖVP, Vizekanzler von 1987 bis 1991, brachte die Idee ein, diese Form zur ökosozialen Kreislaufwirtschaft zu erweitern, ist aber damit politisch abgestürzt. Die „Fair Trade"-Ökonomie ist mittlerweile auch schon erfunden worden, sie rangiert aber de facto nur auf einem oder auf zwei Prozent des Gesamtvolumens; sie würde den Wirtschaftsmechanismus von den gesellschaftlichen Machtverhältnissen befreien. Diese Kombination würde sowohl ein wirtschaftliches als auch ein demokratisches Optimum sein; im Vollzug sind wir meilenweit entfernt.

Der demokratische Staat will den unangebrachten Glaubenskonflikt vermeiden, indem er die Trennung von Staat und Kirche verordnet; aber die Menschen sind ja nicht frei von den verschiedensten Glaubensinhalten und Ideologien. Jeder Staat braucht den Glauben seiner Bürger; Der damalige Bundeskanzler Leopold Figl sagte in seiner Weihnachtsansprache 1945: „Ich kann euch nichts geben ..., aber glaubt an dieses Österreich!" Dieser Glaube hatte eine rationale Basis; gefährlich ist immer der „blinde Glaube".

Glaube ist eine Emotion, die handlungsbegleitend sehr wichtig und für einen „lebendigen Menschen" sogar essentiell ist; ohne Emotionen vegetiert der Mensch nur vor sich hin. Wer Glaube gegen die Vernunft und die gegen eine Erkenntnis eingesetzte Glaubensverweigerung für wichtiger ansieht, hält nicht sehr viel vom Konzept Mensch. Glauben ist als Startposition gut, um für eine Besinnung motiviert zu sein; er ist aber nicht gut, wenn man sich dadurch die Besinnung ersparen will.

Zur Zielfindung und zur Orientierung braucht es viel mehr als Gläubigkeit. Sogar der Apostel Paulus, auf den die Entwicklung des Christentums zu einer Glaubensreligion zurückgeführt wird, reihte die Liebe vor den Emotionen Glaube und Hoffnung. Die jahrhundertelange Dominanz des Glaubens, die den Verzicht der Rationalität aus der Religion zur Folge hat, geht zwar auf Paulus zurück; aber die spätere Interpretation kann man Paulus nicht in die Sandalen schieben. Nach der paulinischen Präferenz hätte das Christentum einen anderen Schwerpunkt bekommen; bei einer Dominanz der Liebe hätten sich die Hexen so wie die Opfer der Inquisition ihre Verbrennung und die Kirche ihren schlechten Ruf erspart.

Kaiser Konstantin als Gastgeber und Ehrenvorsitzender des Konzils (Nicäa 325) war offensichtlich durch seinen Machtanspruch geprägt und bevorzugte eine Glaubensreligion gegenüber einer Religion, die durch einen permanenten Erkenntnisbedarf machtgefährdend ist. Da für diese Darstellung keine Beweise zur Verfügung stehen, handelt es sich um eine Unterstellung, für die allerdings eine gewisse Plausibilität spricht. Jedenfalls hat sich die Kirche in dieser Position eingerichtet und diese Position noch 1000 Jahre später im Rahmen der Inquisition scharf verteidigt.

Neben der Gnosis ist das Thomas-Apokryph der zweite Zweig des unterentwickelten intellektuellen Asts des Christentums. Das „Thomas-Apokryph" ist ein dem Apostel Thomas, der in der Bibel als „ungläubiger Thomas" vorkommt, zugeschriebenes Evangelium, das von der Kirche nicht zugelassen wurde; dieses Evangelium besteht nicht aus Erzählungen, sondern aus Sinnsprüchen. Thomas hat in Syrien und Indien erfolgreich missioniert.

So wie es nützlich ist, die Informationen der Sinneswahr-
nehmungen Hören und Sehen in einem Wahrnehmungs-
prozess zu versammeln, ist es auch angezeigt, die Geistes-
funktionen Fühlen und Denken in einem Erkenntnisprozess
zusammenzuführen; zumindest das Denken betrifft oft mehrere Faktoren. Dem anderen Zuzuhören fördert das Gefühl
der Subjektivität, das für die Demokratie so wichtig ist; es ist
stärker als das Sehen, das eher das Gefühl der Objektivität
auslöst und nicht unwichtiger ist. Neben den Primärfeldern,
die für die Verarbeitung der einzelnen Sinneswahrnehmun-
gen zuständig sind, gibt es im Gehirn Assoziationsfelder,
die die einzelnen Eindrücke aufeinander abstimmen. Das
geht so weit, dass bei absoluter Blindheit subtile Höreindrü-
cke im Sehzentrum Bilder erzeugen können, die allerdings
nicht über die Qualität von Nebelbildern hinausgehen, also
extrem schwach sind.

Die Gehirnforschung sagt, es gäbe für alle Geistesprozes-
se genügend Infrastruktur in Form von Nervenbahnen (ihre
Länge beträgt 5,8 Millionen km); man müsse dem Gehirn
nur ausreichende Bedingungen geben, etwa genug Zeit
und eine entsprechende Ruhe des Geistes. Ich habe mir
einige rudimentäre Kenntnisse der Gehirnforschung an-
gelesen und sehe einige Parallelen zu Yoga sowie zu vielen Religionen. Die moderne Wissenschaft weiß mehr; die
Meister der alten Techniken etwa des Yoga haben mehr
Kenntnisse vom Umgang mit den gegebenen Strukturen.

So kennt die Yogalehre schon seit vorchristlicher Zeit etliche Schaltstellen im Zentralnervensystem (im Gehirn und
in der Wirbelsäule), die funktionell einsetzbar sind. Im Gehirn sind dies das Scheitelzentrum (Thalamus), das für die
Verarbeitung der Sinneseindrücke zuständig ist; zum anderen ein Zentrum an der Unterseite des Gehirns (Hypo-

thalamus), das die vegetativen Funktionen steuert. Durch die Atmung, die normalerweise vegetativ gesteuert abläuft, kann der Geübte somatisch auf das Vegetativum einwirken. Das Atmen und die ihm verwandten Funktionen Sprechen und insbesondere Singen ermöglichen eine gewollte Einflussnahme auf das vegetative Nervensystem. Ein dritter Ort im Gehirn, der meditativ genützt wird, ist das Stirnzentrum, das als Assoziationsfeld Letztentscheidungen trifft.

Diese qualifizierte Einsicht in das Steuerungssystem des Menschen lässt auch hohe Sensibilität unter den Menschen vermuten. Und doch würde die Yogawissenschaft nur im Rückzugsgebiet des Dschungels (indisches Wort für Wald) weiterexistieren, wenn nicht europäische Geistesgrößen wie Johann Wolfgang von Goethe oder Alexander von Humboldt die Qualität dieses Systems erkannt hätten und sie im Westen popularisiert hätten. Nun wird diese Technik auch in Indien weithin genützt. Indien erlitt durch die Eroberungen durch islamische Eroberer ab dem 11. Jahrhundert und später durch die Briten massive Kulturverluste. Mein Guru, der sich nach dem Yogaprinzip an sich der Gewaltlosigkeit verpflichtet sah, bedauerte, dass sich Indien nicht gegen die diversen Eroberungen verteidigt habe und damit Kulturverluste erlitten hat.

Wenn auch nicht so dezidiert, hat es auch im Christentum offensichtlich ähnliche spirituelle Erfahrungen gegeben; die Handauflegung sollte das Scheitelzentrum aktivieren. Das Kreuzzeichen auf der Stirn das dahinterliegende assoziative Zentrum, das für Letztentscheidungen zuständig ist, stärken; und die Hostie, die häufig am Gaumen kleben bleibt, aktiviert die vegetative Schaltstelle. Wer nicht auf das Ankleben der Hostie am Gaumen verärgert reagiert, wird die Konzentration auf das Vitalzentrum spüren und genießen.

Die Konzentrationen auf die diversen Schaltstellen stellen einige Instrumente der Spiritualität.

Als Ritualreligion könnte die Kirche für die Erkenntnisfähigkeit der Menschen etwas leisten; sie dürfte nur nicht den Prozess vor dem Eintritt der Erkenntnis stoppen und sich mit der Vermittlung von Glaubensinhalten zufriedengeben.

Meditation heißt, den Prozessen im Gehirn Zeit zur Entwicklung zu lassen und nicht durch einen „geistigen Coitus interruptus" den Prozess unfruchtbar zu halten; in beiden Fällen ist er kein sicheres Verhütungsmittel. Muße ist die positive Seite der Langeweile. Meditation heißt, die in Routine dahintreibenden Gehirnprozesse auf eine kürzere oder längere Zeit auszusetzen und der inneren Steuerung (in christlicher Diktion „Gewissen") Gehör zu geben. In der Diktion des Yoga: „Ein Wort von Gott – und das ist Gott in uns – an uns ist tausendmal mehr wert als tausend Worte an ihn".

Obwohl das Wort „Religion" dem Sinne nach „Besinnung" heißt, wird sie in vielen Religionen, wie etwa im Christentum, im Islam und auch im Hinduismus, als Volksglauben, als „Bekenntnis" umgedeutet und auf ihren überlieferten Inhalt reduziert. Philosophie ist die Liebe zur Weisheit und beschäftigt sich mit einem weiten Spektrum von interessanten Inhalten, unter anderem und hoffentlich vor allem mit dem Leben und Überleben auf der Welt. Der Yoga unterscheidet sich von den Bekenntnisreligionen, indem er keinen Inhalt vorgibt, sondern sich nur als Technik versteht, der Erkenntnisgewinn vorbereitet. Vom Ziel her entspricht er also der Aufklärung; von der Philosophie unterscheidet er sich aber durch seine Empfehlung, die Erkenntnissuche durch Körper-, Atem- und Geistesübungen vorzubereiten, um damit Zugang zum Unbewussten zu erreichen und nicht mit „Kaltstart" aus dem gewöhnlichen Tagesbewusstsein auf Erkenntnissuche zu gehen.

Mit der Religion – und auch mit den Glaubensreligionen – hat nun Yoga gemeinsam, dass auch diese die Öffnung des Unbewussten anstreben. Der Yoga bietet auch allenfalls die Himmelsvorstellung an, um den Geist zu entspannen; diese Vorstellung ist aber bloß Vorspiel, um die optimale Stimmung zu erreichen, während der eigentliche Akt ein Erkenntnisprozess sein soll.

Der aus der Entspannung entstehende Geisteszustand, der sich als Spiritualität, als Romantik oder als Flow oder Ähnliches manifestiert, wird als recht angenehm empfunden; er fördert die Kreativität und reduziert die IchVerhaftung.

Durch die Öffnung des Unbewussten besteht aber auch die Gefahr, dass die Vergänglichkeit des Lebens offenbar wird, die ansonsten durch Oberflächlichkeit ausgeschaltet ist.

Christus hat durch seinen Tod am Kreuz und durch seine Auferstehung den Tod überwunden und bereitet den Himmel für die vor, die an ihn glauben, predigen die Christen; und der Islam tröstet auch mit dem Himmel, um dem Gedanken an das Lebensende die Endgültigkeit zu nehmen. Die Christen vertrauen ihr Leben und Überleben der Kirche an; Faust in Goethes gleichnamigen Schauspiel verkauft seine Seele dem Teufel, damit ihm dieser das Gefühl der Vergänglichkeit, das ihm das Leben vergällt, nähme („Sollt zum Augenblick ich sagen: verweile doch, du bist so schön!").

Vor dem Sterben fürchten sich die Menschen häufig mehr als vor dem Tod; und das Sterben kann man auch nicht wegträumen, weil es mit dem physischen Körper verbunden ist. Für den metaphysischen Körper gibt es mehr Möglichkeiten, die Angst vor ihm zu nehmen; und wenn nicht die Angst vor der Hölle dazugeschlagen wird, scheint er auch nur halb so schlimm zu sein.

Der Einsatz der Hölle als Disziplinierungsmittel hat jedenfalls aus einer Frohbotschaft (Evangelium = Frohbotschaft) eine Drohbotschaft gemacht. Der unlängst verstorbene österreichische Maler und Sänger Arik Brauer meinte jedenfalls in einem seiner letzten Interviews: „Was soll auch viel sein nach dem Leben? Das gleiche wie vorher – und das haben wir auch überstanden". Der Yoga empfiehlt, sich auf die Endlichkeit des Lebens einzulassen und das Leben entsprechend einzurichten; dafür wird die Achtsamkeit empfohlen, um zumindest innerhalb der Lebensspanne ein erfülltes Leben zu haben.

Wahrheit ist dem Menschen zumutbar und gleichzeitig eine gute Voraussetzung für das friedliche Zusammenleben der Menschen, um das es in einer Demokratie geht. Himmel und Hölle als metaphysische Technik zur Disziplinierung scheinen für die Demokratie nicht mehr zu taugen; Religion als Besinnung wird wichtiger als die Vermittlung von Glaubensinhalten. Die moderne Welt gibt vielen Menschen sehr viel Gestaltungskraft; die Menschen haben aber noch nicht gelernt, mit ihr umzugehen.

Je genauer ein vorgegebener Glaubensinhalt ist und je weniger er mit der Realität zu tun hat, desto schwerer wird Erkenntnistiefe zu erreichen sein. Und bei mangelhafter Erkenntnis ist eine Schizophrenie der Kultur die Folge. Die westliche Kultur nimmt die Zerstörung des menschlichen Lebensraumes bei vollem Bewusstsein hin; und das ist ein sicheres Indiz für eine Bewusstseinsspaltung und die Erklärung für die Verfehlung gesellschaftlicher Notwendigkeiten.

Eine Diagnose für die Krankheit des christlichen Abendlandes ist der blinde Glauben bei mangelndem Über-, Durch- und Weitblick, die angezeigte Therapie ist Einsicht.

Die Entwicklung des Menschen zeigt, dass er als Kind viel Nachahmung braucht, um die Kunst des Lebens zu lernen; schließlich reift er aber zur Erkenntnisfähigkeit. Diese besteht sowohl aus sensibler Wahrnehmung als auch aus rationaler Denkfähigkeit; diese beiden Qualitäten sind durchaus unterschiedlich entwickelt. Auf welchem Niveau findet sich nun eine gesellschaftliche Einrichtung wie eine Religion, wenn sie sich auf eine Glaubensreligion zurückzieht und sich mit alten Erkenntnissen zufriedengibt? Die Propheten waren die Reformer ihrer jeweiligen Zeit, die die aktuellen Themen aussprachen.

„Christus lebt", heißt es zwar im Text der katholischen Messfeier; de facto aber hat sich die Kirche mit dem Konzil von Nicäa (325 n. Chr.) selbst konserviert, ist eine Glaubensreligion geworden und hat ihre Lebendigkeit und die Fähigkeit zur Reaktion auf die aktuellen Entwicklungen zurückgedrängt. In der eigenen Kultur merkt man das natürlich weniger deutlich; im Islam, in dem es sogar den Trend zu einer alten Rechtsordnung, nämlich der Scharia, auch noch gibt, zeigt sich die Tendenz stärker.

Um ein Beispiel mangelnder Aktualität in der katholischen Kirche zu nennen: Vor 50 Jahren hat sie im Rahmen der Zunahme des allgemeinen Wohlstands das freitägliche Fleischverbot gelockert und das Vergeudungsgebot für Lebensmittel – und da insbesondere für Brot – schleifen lassen; die Religion hat sich nicht als vorausschauend gezeigt. Um nämlich den Regenwald im Amazonasgebiet zu retten, müsste der Fleischkonsum in Europa deutlich eingeschränkt werden. Die Verehrung des Brotes und die achtsame Hinwendung zum „täglichen Brot", die in der Kirche lange schon große Bedeutung gehabt haben, sind neuerdings wieder ins Zentrum der Kultur geraten.

Die christliche Ethik ist alt geworden und entspricht in manchen Bereichen nicht mehr den Notwendigkeiten der Gegenwart, in der sich die Menschen mit komplexen und jedenfalls neuen Problemen herumschlagen müssen. Bis vor kurzem hat sich die Kirche noch um die Jungfräulichkeit Mariens bemüht und der Theologieprofessorin Ute Ranke Heinemann (gestorben 2020) wegen Leugnung dieses Dogmas im Jahr 1987 die Lehrbefugnis entzogen.

Die Möglichkeit, in den Religionen neben dem konkreten Denken auch abstrakt zu denken, führt offensichtlich häufig zur Verwirrung. Der Jungfernkult gerade in der katholischen Kirche sollte im Sinne der Familienplanung dazu beitragen, den persönlichen Beginn der Schwangerschaften hinauszuzögern und damit das Bevölkerungswachstum zu minimieren. Auch die Beschränkung der sexuellen Aktivitäten auf die Ehe hat bestimmt diesem Ziel gedient.

Um dieses Ziel zu erreichen, gab es früher nur harte Maßnahmen; neben der Enthaltsamkeit gab es nur Abtreibung und Krieg, der als Ersatz für mangelnde Enthaltsamkeit als „postnatale Abtreibung" wirkte. Die rigide Sexualmoral hat allerdings für die Männer einen zweifelhaften Nebennutzen gebracht: viele junge Frauen, denen eine verpönte sexuelle Beziehung vorgeworfen wurde, mussten in die Prostitution gehen, um ihren Lebensunterhalt zu verdienen. Dieser

Nutzen reduzierte sich allerdings für die Männer, deren eigene Töchter in diese Moralmühle gerieten.

Mit der Erfindung der Antibaby-Pille, die das Problem der Nachwuchsregelung erleichtert, kam nun die katholische Kirche ins Schleudern; ihr Modell, das nie ausreichend war, wurde auch unnötig. Die Mütter schicken ihre heranwachsenden Töchter zum Frauenarzt und nicht mehr zur Maiandacht.

Die Kirche ist bei ihrem Jungfernkult und anderen Einschränkungen der Sexualität geblieben, verbot die Anwendung der Pille und überließ die Verwendung resigniert der privaten Kompetenz. Nach heutigem Kirchensprech wird nach Rücksprache mit dem Judentum das Dogma der Jungfräulichkeit Marias insofern aufgelöst, als Maria als junge Frau und ihre Cousine Elisabeth, die Mutter des Johannes des Täufers, als alte Frau hingenommen werden. So leicht kann manchmal ein alter Zankapfel entgiftet werden. Nun kann die „Mutter Gottes" den nicht besetzten, aber dringend benötigten Platz als Schützerin der Erde einnehmen; diese Funktion half in vielen Naturreligionen, das Verhältnis zwischen Mensch und Natur zufriedenstellend zu regeln.

Da der Zustand, den die Religionen Spiritualität nennen, durch viele Meditationstechniken auch weltlich zu haben ist, können sich nun mehr Menschen der Aufgabe widmen, die Verwirrung aufzulösen, die die unterschiedlichen Denkarten, abstraktes und konkretes Denken, anrichten können. Damit können sowohl tradierte Verhaltensweisen, die nicht zukunftsfähig sind, als auch die vielen Sachzwänge, die das moderne Leben vorantreiben, entschärft und durch individuelle und gesellschaftliche Lebensinteressen ersetzt werden.

12. Hierarchie und Demokratie

Über Jahrhunderte dominierte die Politik die Glaubensinhalte und die geistige Entwicklung durfte nur innerhalb der Machtinteressen stattfinden. Zu Beginn der Neuzeit verflachte Luther die Hierarchie wieder etwas, indem er „Über die Freiheit eines Christenmenschen" schrieb, aber er verfolgte diesen Weg nicht weiter, sondern übersetzte im Schutz eines Adelssitzes die Frohbotschaft der Freiheit. Sein Kollege Thomas Münzer verfolgte den Weg konkreter, starb aber in einem Befreiungskrieg auf Seite der Bauern.

Die Wirkung Luthers war gewiss größer als die Münzers; allerdings ging Luther nach Meinung des Schweizers Huldrich Zwingli (1486 bis 1531) nicht weit genug. Luther hätte nur eine Fürstenreformation angeregt, Zwingli regte eine Volksreformation an. Wie weit die demokratische Entwicklung der Deutschen beziehungsweise der Schweizer auf diese religiösen Interventionen zurückgeht, ist für mich nicht erkennbar; Religion und Politik sind interdependent – Ursache und Wirkung sind oft schwer feststellbar. Im Unterschied zum Bewusstsein, in dem ziemlich scharfe Grenzen zwischen Psychologie und Soziologie sowie zwischen Religion und Politik festgemacht werden können, sind diese Grenzen im Unterbewusstsein zumindest fließend, vielleicht auch gar nicht feststellbar.

Durch die Bekämpfung der patriarchalischen Ausformung der katholischen Kirche durch die Aufklärung (ab dem 18. Jahrhundert) ist nicht nur der Faktor Glaubensreligion mit seiner psychologischen Wirkung geschwächt worden, sondern auch der brüderliche Faktor, der am Kollaps nicht schuld war, ist in Mitleidenschaft geraten.

Mit dem Zweiten Vatikanischen Konzil hat die katholische Kirche ihren totalitären Zuständigkeitsanspruch über die Menschen aufgegeben und ist damit, wenn auch nur auf einem Nebenflughafen, wieder auf dem Boden der Demokratie gelandet; die Behauptung der Kirche, nur ihr Glaube könne zur Erlösung führen, war gegen die Rationalität nicht mehr aufrechtzuerhalten.

Um die Akzeptanz der Religionen Hinduismus, Buddhismus, Islam und Judentum zu argumentieren, wird die Gewissensfreiheit der individuellen Menschen angeführt. Diese Öffnung wird aber etwas versteckt, weil autoritäre Führer nicht gern zugeben, sich bisher geirrt zu haben; sie fürchten um die Akzeptanz ihrer Autorität. Die katholische Kirche ist sozusagen mit dem Kopf in der Neuzeit angekommen, der Rumpf mit seinen dickeren Teilen steckt aber noch in ihrer Präpotenzperiode.

Neben Immanuel Kant (1724 bis 1804) und Jean Jaques Rousseau (1712 bis 1787) ist Baron de Montesquieu (1689 bis 1755) ein wichtiger Erfinder der modernen Demokratie. Rousseau formulierte den Sozialvertrag als Basis der Demokratie (er ist die soziologische Dimension); Kant benannte die Unmündigkeit als „selbstverschuldet" (sie und ihre Überwindung bilden die psychologische Dimension) und Montesquieu beschrieb die Gewaltentrennung als essentiellen Faktor der Demokratie (sie bildet die rechtliche Dimension).

Die Gewaltentrennung hat den Zweck, eine Machtkonzentration zu vermeiden; dafür werden die Funktionen von Gesetzgebung, Verwaltung und Gerichtsbarkeit getrennt; das einschlägige Buch Montesquieus heißt „Vom Geist der Gesetze" (l'esprit des loix); es wurde wenige Jahre nach seiner Erscheinung auf den vatikanischen Index gesetzt und damit seine Lektüre verboten und erst wenige Jahre vor dem Zweiten Vatikanischen Konzil mit der Auflösung des Index wieder für die öffentliche Nutzung erlaubt.

Eine wichtige Vorleistung zur Abkehr von der absoluten Autorität hat Pius IX. im Jahr 1870 mit seinem „Unfehlbarkeitsdogma" erbracht; Dieses erklärte nämlich die allgemeine Unfehlbarkeit des Papstes, die tatsächlich über Jahrhunderte behauptet wurde, als überholt, indem es die Unfehlbarkeit auf Glaubens- und Gewissenslehren und auf einen Formalakt einschränkte. Viele interpretierten das Dogma wörtlich und setzten den Beginn der Unfehlbarkeit mit dem Jahr 1870 an. Zu der Zeit stand das Werk Montesquieus „Vom Geist der Gesetze" auf dem Index, sodass eine qualifiziertere Definitionsmethode – nämlich nach dem Geist der Gesetze – scheinbar tatsächlich nicht zur Verfügung stand.

Seit dem Zweiten Vatikanum (1962 bis 1965) verkehrt die katholische Kirche mit den anderen Religionen geschwisterlich (Konzilstext unter dem Namen „Nostra aetate" (= in unserer Zeit) und räumt den Menschen Entscheidungskompetenz ein. Der Konzilstext „Dignitatis humanae" (= Würde des Menschen) argumentiert die Freiheit der Religion als die Folge der individuellen Gewissensfreiheit.

Der Verzicht der katholischen Kirche auf absolute Autorität tut auch manchem weh; so hat Papst Benedikt XVI. (Amtszeit von 2005 bis 2015) den Eintritt der Relativität als „Diktatur des Relativismus" bezeichnet und bedauert. Es ist aber anzunehmen, dass der Bauplan Mensch seinem innersten Wesen nach lebensbejahend ist und die bisher entwickelten Grundregeln bei genügender Sorgfalt immer wieder lebensbestimmend sein werden. Bei Verstößen gegen diesen Organisationsplan wird es allerdings auch zu diversen Störungen kommen; das war aber auch schon bisher so, obwohl dem Regelwerk mehr Bedeutung zugemessen wurde, wie man am Beispiel der Ökologie sieht.

Mehr Macht der Kirche hätte auch nicht genützt, denn die frühen Impulse für die Reaktion auf die ökologische Situation sind einerseits von der Hippie-Bewegung (1968) und andererseits von den Naturwissenschaftern des Club of Rome (1973) ausgegangen. Die Kirche verschlief die neu aufgekommene Notlage der Gesellschaften und widmete sich weiterhin ihrem Lieblingsthema, der Sexualmoral. Dies ist umso fahrlässiger, als der deutsche Naturforscher Alexander von Humboldt schon Anfang des 19. Jahrhunderts die Ökomoral ins Spiel brachte. Die Naturwissenschaften und die Ökonomie agierten wie pubertierende Jugendliche, die sich noch wie Kinder beschützt fühlen, die Verantwortung aber noch nicht übernommen haben. Die Kirche, die für sich die Ethikinstanz beansprucht, ist dieser Aufgabe nicht gerecht geworden.

Wer hilft dem Menschen, die entstandenen Schäden wahrzunehmen und sie ohne Resignation zu verkraften sowie zumindest zukünftige Fehler zu vermeiden? Statt einer Gläubigkeit hineinzufallen, von der auch der Populismus genährt wird, lebt die Demokratie von begründetem Vertrauen. Die personale Sukzession der Kultur hat gegenüber einer konservierten Kultur den Vorteil, dass sie mit der aktuellen Entwicklung mitwächst.

Der Grundgedanke der Demokratie, der andere könnte auch Recht haben, ist jedenfalls in der Welt; und unabhängig davon, wer recht oder unrecht hat, es gehört auch das Recht von schlecht vertretenen Mehrheiten oder von Minderheiten dazu, für ihre vitalen Interessen einzutreten. Die Demokratien werden mit Freiheit und Verantwortung erst wirklich umzugehen lernen müssen.

Die Sensibilität in den Demokratien ist im Allgemeinen zwar ziemlich schlecht; es deutet doch nichts darauf hin, dass ein Diktator mehr Sensibilität aufbrächte. Es zeigt sich auch, dass derzeit kein Möchtegern-Diktator, wie sie sich vereinzelt auch in Demokratien finden, auf „Grün" setzt; ob das ein Zufall ist oder ob bei diesen eine Grün-Allergie besteht, wird sich noch herausstellen. Es ist jedenfalls nicht zu erwarten, dass Führungskräfte, die in der Menschenführung keine Sensibilität zeigen, der Natur gegenüber sensibler sind.

Dass sich aber früher oder später jemand den Ökogedanken zu Eigen macht und daraus ein Geschäftsmodell für einen Diktatorenjob machen will, ist vorauszusehen; ein etwaiger Erfolg wird von der Leistungsfähigkeit der Demokratien abhängen. Eine Öko-Diktatur hätte immerhin den Vorteil, dass sie als Vorleistung keine Harmonisierung der sozialen Verhältnisse schaffen müsste. In der Demokratie wird es schwerfallen, den einfachen Leuten das Autofahren zu vermiesen, wenn andere mit dem Privatjet herumfliegen. Trotzdem: die Schweiz mit einem großen und Schweden mit einem geringen Einkommensunterschied sind Pioniere im Kampf gegen das CO_2, das massiv zur Klimaerwärmung beiträgt; als hoch entwickelte Demokratien sind sie vorbildhaft.

Weil die Menschen zwar auf verschiedenen Niveaus, aber immer nur als Menschen denken können, zeigen die religiösen Vorstellungen und die gesellschaftlichen Einstellungen und die staatlichen Umsetzungen INTERESSANTE Parallelen. Eine hierarchisch geprägte Gesellschaft akzeptiert einen König, der von oben nach unten herrscht und einen Gott, der die Welt von außen schafft und organisiert.

Eine Demokratie erwächst aus der Vorstellung, dass die Welt und das Leben auf ihr sich selbst organisierende Systeme sind. Damit wandelt sich das Gottesbild von einem herrschenden Gott zu einem internen Informationsgeber, der aus dem System heraus wirkt. Diese Gottesvorstellung erscheint als Pantheismus; das System kann aber auch recht gut auskommen, ohne dass man einen Gott ins Spiel bringen muss. Man verzichtet einfach auf die Antwort auf die Frage, was und wer vor dem Urknall war.

Dass Religionen mit der gesellschaftlichen Wirklichkeit zu tun haben, liegt auf der Hand; dass sie sich gegenseitig beeinflussen auch. Im menschlichen Gehirn ist angelegt, dass es Widersprüche auflösen will – einen solchen Unterschied bilden Untertänigkeit und Selbstbestimmung. Wie schnell sich Dissonanzen auflösen, hängt am Bewusstseinsgrad der individuellen Menschen ab – bei wachem Bewusstsein geht es schneller, bei stumpfem Bewusstsein entsprechend langsamer.

In Zeiten von Krisen, auf die die Menschheit derzeit offensichtlich zusteuert, nehmen die Glaubenslehren in Zahl und Intensität massiv zu; ‚fake news' boomen.

Um Schlimmes möglichst zu vermeiden, wäre neben der intensiven Beschäftigung mit den Naturwissenschaften eine qualifizierte Auseinandersetzung mit Religionen und deren naturwissenschaftliche Einbettung wünschenswert.

13. Demokratie in Gefahr

Jedes Land ist durch die Begehrlichkeiten anderer Länder gefährdet; dies zu bedenken und dem gegenzusteuern, ist die traditionelle Aufgabe des Militärs; diese Gefährdung scheint heute in Europa nicht allzu groß zu sein. Akut allerdings sind allezeit Organisationsfehler, die eine Störung der inneren Zustände verursachen können. Das sind immer wieder soziale Störungen; seit einiger Zeit sind es aber vermehrt wirtschaftliche, die soziale Störungen auslösen können.

Auf einer Nebenfront zur Adel-Kirche-Achse hat sich zu Beginn der Neuzeit eine Entwicklung ergeben; nicht der Feudalismus ist das aktuelle Problem, sondern der Kapitalismus, der in seine Fußstapfen getreten ist. Durch den Reformator Calvin (1509 bis 1564) ist eine neue Hierarchieebene gestärkt wurden – die kapitalistische.

In der Anfangszeit sind neben der katholischen auch etliche andere Kirchen zu Paten des Kapitalismus geworden; aber seit den Sozialenzykliken 1871 und insbesondere 1931 schreiben die Päpste regelmäßig gegen den Kapitalismus an, jedoch diese Botschaft bleibt auch regelmäßig ungehört. Die Berufung der Drahtzieher und Nutznießer des Kapitalismus auf die Rechtfertigung durch Johannes Calvin (1509 bis 1566) aus Genf ist im Übrigen insofern unrichtig, als Calvin zwar die fleißige Arbeit empfahl, die Nutzung des Erfolgs aber der Gesellschaft zudachte und nicht ihren Betreibern; die würden blöd schauen, wenn sie den asketischen Vorstellungen Calvins gerecht werden müssten.

Die Unausgewogenheit der Einkommen und der Vermögen war häufig die Ursache für gesellschaftliche Verwerfungen.

Der sozialliberale Wissenschaftler Oswald von Nell-Breuning (1890 bis 1999) war Autor der Sozialenzyklika Quadragesimo Anno (1931); er war Jesuit und hat gemeinsam mit dem evangelischen Pastor Dietrich Bonhoeffer (er lebte von 1906 bis zu seiner Hinrichtung durch die Nazi 1945) die sozialpolitisch wichtige Formel von der sozialen Verantwortung des Kapitals entwickelt; damit wurde aus dem Aufruf zur Barmherzigkeit die Pflicht zur Solidarität.

Die Sozialliberalen wollten allesamt das rechte Wirtschaftssystem trotz seiner Mängel retten und blieben zum Teil weit rechts im Marktmechanismus; Nell Breuning näherte sich mit seinem Humanismus allerdings dem Idealismus der Linken an, ohne deren Mechanismen zu übernehmen. Karl Marx forderte das Recht auf Arbeit und Einkommen für jeden; der Anspruch auf Solidarität ergibt sich aus der Konstruktion der Demokratie als Lebensgemeinschaft der Staatsbürger.

Ob aus Umweltgründen das Recht auf Erwerbsarbeit für alle befriedigt werden kann, ist noch offen; heute wird das Recht auf Unterhalt – etwa als bedingungsloses Grundeinkommen – diskutiert. Zu wenig Wettbewerb ist langweilig, zu viel ist tödlich. Junge Menschen wollen sich beweisen; wenn aber alte Menschen noch in den Wettbewerb eintreten wollen, sind sie nicht weise geworden. Ein Weiser freut sich darüber, die gesellschaftlichen Prozesse einigermaßen zu verstehen.

Nell-Breuning hat unerwähnt gelassen, dass durch die Verflechtung der Leistungen in einer arbeitsteiligen Produktion eine gerechte Zuordnung des Erfolgs sehr schwierig ist; und auch die Größe der Solidaritätsgemeinschaft ist unklar. Auch gilt heute noch Vieles als Leistung, was ökologische Schäden anrichtet; der aktuelle Leistungsbegriff taugt nicht mehr.

Im Alter von etwa 95 Jahren bedauerte Nell-Breuning in einem Interview (im Archiv des ORF), dass er in der Enzyklika den Sozialismus ungerechtfertigter Weise verurteilt habe; man dürfe einem so jungen Mann (er war damals 41) keine so schwerwiegende Aufgabe geben.

In der Referenz-Enzyklika zu „Quadragesimo Anno", nämlich der Enzyklika „Rerum Novarum" (1891), hatte ihr Autor Papst Leo XIII. die Reichen nur aufgefordert, mit den ihnen vom standesgemäßen Lebensunterhalt überbleibenden Mitteln die Armen zu unterstützen. Da nun die Oberschicht selbst bestimmte, was standesgemäß wäre, und da das Almosen als Liebesgabe nicht einklagbar wäre, erlangte diese Empfehlung nur eine geringe Relevanz.

Als Lösung des sozialen Problems hatte Karl Marx im Kommunistischen Manifest (1848) die Abschaffung des Eigentums an den Produktionsmitteln vorgeschlagen. Marx bezog sich auf das deutsche Recht vor der Romanisierung des Rechtsverständnises durch Karl den Großen; Mit der Eingewöhnung der frühen Kirche ins römische Denken übernahm ihr Klerus auch deren Eigentumsvorstellungen und brachte sie über die Alpen. Das ist insofern interessant, weil der Wanderprediger Jesus mit Eigentum nichts zu tun hatte. Die Rechtssysteme nördlich der Alpen stellten weniger auf Eigentum ab, sondern mehr auf Nutzungsrechte. So wurde das Ackerland in einem Dorf durch die Zahl der Familien geteilt, sodass es ihnen in gleichen Teilen zur Nutzung zur

Verfügung stand. Die Übernutzung der Welt stellt nun die Frage der Nutzung neu; dabei ist zu bedenken, dass die Nutznießer des aktuellen Systems unverhältnismäßig mehr politische Macht haben als die aktuellen Verlierer.

Papst Leo wandte sich mit der Forderung an den Staat, den Klassenkampf der Armen zu unterbinden. Mit dem Argument, das Eigentumsrecht wäre naturrechtlich abgesichert, stellte er das Eigentum über die (anderen) Menschenrechte. Sein Argument war, der Eigentumsschutz würde ja auch den Armen nützen, wenn diese zu Vermögen kämen.

Die Parteinahme dieses Papstes hat die herrschende Klasse unterstützt, ihre Interessen auf Kosten der anderen weiter zu verfolgen. Die Bürgerschicht hatte durch Revolution den Feudalismus, also die Vorherrschaft des Adels, in den Kapitalismus, also die Vorherrschaft des Kapitals, wandeln können. Der Adelsfeudalismus resultierte aus den hohen Einkünften siegreicher Heerführer; der Neofeudalismus resultiert aus den hohen Gewinnen erfolgreicher Unternehmer. Die sich daraus ergebende Gefahr für eine demokratische Grundordnung ist vergleichbar.

Der gleiche Weg aus der Armut, der den Bürgern gelungen war, war den Arbeitern nicht möglich. Marx empfahl zwar die proletarische Revolution; es kam aber nicht dazu. Auch die erstmalige Gründung von Demokratien in Deutschland und Österreich nach dem Ersten Weltkrieg blieb im Formalen stecken und der Sozialvertrag zwischen Bürgern und Staat, der eine Demokratie normalerweise ausmacht, ist in Europa in den dreißiger Jahren für hunderttausende Arbeitslose und deren Angehörige nicht konkret geworden. Die USA waren damals sozialer; sie verhinderten durch den „New Deal" den Ausbruch eines intranationalen Krieges; durch eine höhere Besteuerung der hohen Einkommen wurde Arbeit für die Infrastruktur geschaffen. In Deutschland hingegen hat die Spannung zwischen Vielhaber und Nichtshabern sowie die verbreitete Anwendung der „Schwarzen Pädagogik" politische Entwicklungen ausgelöst, die schließlich zum Zweiten Weltkrieg geführt haben. Mit seinem Ende und aufgrund der gemachten Erfahrungen veränderte sich das soziale Klima.

Der Eigentumsschutz spielt auch heute noch eine dominante Rolle in der Politik. Wenn jemand von irgendwo in der Welt irgendwo in der Welt eine Ölquelle kauft, so fällt eine Ableitung aus dem Naturrecht, wie es Papst Leo XIII. argumentiert hat, schwer. Bei kleineren Vermögenswerten wie Familienhäusern oder handwerklichen Werkstätten ist ein Naturrechtsbezug durchaus nachvollziehbar.

Trotz dieser Schwäche stimulierte die Enzyklika Rerum Novarum (1891) wegen vieler anderer sozialer Passagen die Fortsetzung sozialer Denkansätze. Sie beinhaltet etwa den Satz: „Wenn Recht zu Unrecht wird, wird Widerstand zur Pflicht". Das war doch ein starker Hinweis, um sich der plausiblen Idee „Frieden durch Gerechtigkeit" anzunähern. Dieser politische Grundsatz ist wesentlich aus der Christuslehre gekommen, hatte aber historisch allerdings mehr Tiefen als Höhen. Dabei steckt der Gedanke der Chancengleichheit für zukünftige Weltbewohner auch noch in den Kinderschuhen, wie das Beispiel Greta Thunberg peinlicherweise zeigt.

Die Verfolgung des Auf und Ab der kirchlichen Hierarchie würde durch die tatsächliche Entmachtung der Kirchen in Westeuropa an Bedeutung verlieren, wenn nicht einerseits durch den teilweise totalitären Islam und andererseits durch

zunehmende Entscheidungsschwäche einiger Demokratien
wieder totalitäre Strukturen ins Spiel kämen und die Behir-
nung des Themas notwendig machte.

Die Hierarchiegläubigkeit, die über die christlichen Lehrin-
halte über Jahrhunderte verbreitet wurde, hält länger als die
Macht der Kirche und ist durch Leugnung kaum zu besei-
tigen, wie es die totalitären Regime zwischen den beiden
Weltkriegen und später deutlich zeigen. Eher ist sie durch
Bewusstmachung und Aufarbeitung aufzulösen; was selbst-
verständlich ist, wird nämlich am wenigsten verstanden.
Die Umsetzung des demokratischen Geistes in Erziehung,
Politik und Wirtschaft dauert; Bindungsbedürfnis dient der
Hierarchie, Freiheitsbedürfnis ist eine Voraussetzung für
Demokratie. Eine nach-konziliare Kirche könnte auf Grund
ihrer reichen Erfahrung Hilfestellung geben.

Leider braucht die Religion in Europa viel Kraft, um sich um
ihr eigenes Überleben zu kümmern; wer sich nur um sich
selber kümmert, der verkümmert. Eine Religion, die sich auf
dem Boden der Wirklichkeit zurechtgefunden hat und keine
Erhabenheit zu simulieren braucht, würde eigene Irrtümer
sowie Fehler einzelner ihrer Repräsentanten leichter verkraften und könnte ihre Arbeit mit weniger Störung fortsetzen.

Zweck der Religionen ist es, das normalerweise unbewusste Wissen dem Bewusstsein zu öffnen und damit Entscheidungen zu optimieren; das fördert die Sensibilisierung der
Menschen und die Förderung des Denkens in Zusammenhängen. Den Weisheitsspruch der Bibel „an den Früchten
sollt ihr sie erkennen" kann man auch an den Religionen
anlegen. Obwohl die christliche Lehre auf Brüderlichkeit
setzt, war es um eine entsprechende demokratische Praxis nicht immer gut bestellt.

Eine Spezialität der katholischen Kirche ist der Umgang mit dem patriarchalischen System. Wenn die Kirche auch nicht mehr bestimmen kann, so hat sie durch ihr Weltbild doch immer noch Vorbildwirkung – gerade auch für das patriarchalische Verhalten für die ganze Bevölkerung. Die patriarchalische Idee ist seelenverwandt mit der Reichsidee und damit ein Kontrapunkt zur Entwicklung der Demokratie.

Eine Patriarchalische Organisation weist für die Lebensgestaltung in der Moderne zwei Mängel auf: zum einen sind die Verhältnisse viel zu komplex und zu kompliziert, als dass sie ohne Kooperation vieler Gruppen und Kräfte bewältigbar wären. Dazu gehört der Verzicht auf weibliche Vernunft, die nach verschiedener Einschätzung plus/minus 50 Prozent der gesellschaftlichen Vernunft ausmacht und jedenfalls etwas anders ist als die männliche. Es ist nicht anzunehmen, dass durch die Evolution ein so großer Überschuss an Vernunft entstanden sei, dass man großzügig auf diese fünfzig Prozent verzichten könnte.

Der Guru von meiner Frau und mir, Yogeshwaranand Sarasvati, der den Ashram Yoga Niketan (= Yogaschule) gegründet hatte, übergab vor seinem Tod die Leitung an zwei leibliche Schwestern, die zur gleichen Zeit wie wir die Ausbildung begonnen hatten. Obwohl er hunderte Schüler hatte, erreichte nach seinen Worten nur eine Schülerin die Erleuchtung (im Yoga höchster geistiger Entwicklungsstand); die andere Schwester macht die Verwaltung. Für mich ist das ein Zeichen für Pragmatismus.

Neben der Frage nach der Führungsfähigkeit der Frauen ergibt sich zum anderen, dass patriarchalische Führungen eine dementsprechende Haltung der sich unterstellenden Menschen fördern; diese verlassen sich auf die Führung und geben ihre Verantwortung ab. Ein österreichischer Politikersohn, den Karl Qualtinger (1918 bis 1986) als „Herr Karl" mit dem Lied „Der Papa wird's schon richten; es gehört zu seinen Pflichten" karikiert hat, wollte sich der gesellschaftlichen Verantwortung entziehen; der Versuch, seinen Vater dafür einzuspannen, misslang. Der von Qualtinger kritisierte Nationalratspräsident musste 1961 zurücktreten und konnte seinem Sohn, der einen tödlichen Verkehrsunfall verursacht hatte, nicht helfen.

Und mit der Hilfe Gottes sollten wir auch nicht rechnen. Lieber sollten wir kindliches Vertrauen und Optimismus genau zu unterscheiden lernen. Gelebtes Patriarchat ist zwar eine menschlichere Form einer Autokratie; trotzdem passen patriarchales Denken und Demokratie nicht zusammen.

Das Ansinnen der Menschen an einen patriarchalischen Gott, er möge ihnen die Verantwortung für ihren Umgang mit der Natur erlassen, wird nicht ausreichen. Ob Gott tot ist oder ob er nur, weil es der siebente Tag ist, schläft, weiß ich nicht; offensichtlich muss sich der Mensch um seine Umwelt selber kümmern. Die Autoren der jüdischen Bibel bemerkten wahrscheinlich, dass ihnen Gott zu wenig oder gar nicht hilft und entschuldigten das mit seinem Ruhetag nach sechs Tagen Schöpfungsarbeit.

Wer gläubiger ist als ich, kann wie folgt argumentieren: Gott habe die Corona-Pandemie als Warnung geschickt, um die Menschheit davon abzuhalten, die Natur weiterhin zu überlasten und zu missbrauchen; die aktuelle Corona-Krise ist wegen ihrer begrenzten Zeitlichkeit trotz ihrer fatalen Folgen nur eine Kleinigkeit gegenüber einer drohenden Klimakrise. Mir steht diese – zugegebenermaßen sympathische – Interpretation nicht zu. Ich lerne aber aus dem Gedanken, dass Gott ein Rächer ist, wenn er als Symbol für die Natur genommen wird; wird er hingegen als Symbol für eine hochstehend humane Kultur genommen, so wird er ein barmherziger Gott sein. Der Rückgriff auf den Bezugsrahmen könnte den Auffassungsunterschied über die Qualität Gottes zwischen Juden und Christen erklärbar machen.

14. Die aktuelle Herausforderung

Die Übernahme der Rechentechnik Indiens in Europa ohne Berücksichtigung der geistigen Basis schaffte hier eine explosionsartige Entwicklung der naturwissenschaftlichen Disziplinen und der Technik; die einheimischen Geisteswissenschaften und die etablierte Religion boten kein ausreichendes Äquivalent gegen diesen Fortschrittszug, dessen Problemfolgen erst jetzt wahrgenommen werden – und auch erst von wenigen. Natürlich dient auch in Indien die Religion wie anderswo hauptsächlich als Resilienztechnik und weniger als handlungsführend; die Religionen geben aber doch die Stimmungen vor, die das Verhalten verursachen.

Nomadische Religionen mit ihrer Sehnsucht nach dem Himmel fördern den Expansionismus (Christentum und Islam); bäuerlich verankerte Religionen mit ihrer Tendenz zur Wiedergeburt (etwa Hinduismus) denken in Kreisläufen und sind eher auf die Ortsbindung ausgerichtet – man entkommt seinem Schicksal nicht. Mahatma Gandhi etwa verlor seine Kastenzugehörigkeit, weil er über „das Schwarze Wasser" (nämlich das Meer) fuhr, um im Vereinigten Königreich zu studieren.

Die gesellschaftliche Wirklichkeit und die religiösen Inhalte korrelieren durchaus, wie am Beispiel der Hölle zu sehen ist. Nachdem die Politik die absolute Not durch Förderprogramme weitgehend verhindert, haben auch die Kirchen die Drohung mit der metaphysischen Hölle aus ihrem Programm gestrichen; wenn die Weltgesellschaft so weitertut wie bisher, wird sich der Prozess wieder umdrehen und die

Angst vor der physischen Hölle wird auch in Europa wieder steigen.

Wie sich am Beispiel Syriens zeigt, heizen wir mit der Klimaerwärmung die Hölle schon an. Aus klimabedingten Gründen hat es da Missernten gegeben, der Bürgerkrieg war die Folge und die Syrier erleben tatsächlich die Hölle, wenn auch nur auf Erden.

Wenn Religionen auch nur selten nach Punkt und Beistrich vollzogen werden, so sind sie doch Ausdruck der vorhandenen Stimmungen und Erzeuger von Stimmungen, die über den Kreis der eigentlich Gläubigen hinausreichen können. Die These dieses Textes beruht auf der Beobachtung, dass das christliche Abendland seine Kultur leichtsinnig vorantreibt und ihre Taufpatin, die christliche Kirche, ihre Geisteskräfte nur halbherzig dagegensetzt. Meine These ist, dass die Verdrängung der Endlichkeit und ihr Ersatz durch die Unendlichkeit, nämlich durch den Himmel, diese Leichtfertigkeit fördert.

Eine Diskussion über dieses Thema könnte die These falsifizieren oder bei Verifikation ihre Folgen minimieren. Alle institutionalisierten Religionen halten sich natürlich für optimal; sie aber auf ihre Nebenwirkungen hin zu prüfen, scheint ein Gebot der Stunde zu sein; das würde auch dem Wesen von Religion – das „Besinnung" ist –, entsprechen. Würden sich die Glaubensgemeinschaften wie das Christentum und der Islam an die ursprüngliche Aufgabe von Religion besinnen und nicht blinden Glauben propagieren, könnte diese Umstellung auch ein Gegenmittel gegen die aufkommende Unkultur der „fake News" werden. Derzeit noch ist die Kirche mit dem Glauben an ein ewiges Leben die Großmutter der „Fake-News-Bewegung".

Die Grundhaltungen „Leichtsinn" und „Überheblichkeit" zeigen sich in der Entwicklung der Männer im Alter etwa zwischen 18 und 24 Jahren. Das spielt in der Militärpsychologie eine wichtige Rolle. Die Vorgesetzten müssen versuchen, den jungen Männern den Unterschied von Leichtsinn und Mut zu vermitteln; Mut ist dann gefragt, wenn er in einem Sinnzusammenhang für die gegenseitige Unterstützung eingesetzt wird.

Das Problem mit dem Leichtsinn spielt statistisch belegbar auch im Straßenverkehr eine Rolle. Vor der Sonderregelung durch den Probeführerschein verursachten junge Männer 50 Prozent aller Verkehrstoten; für ältere Führerschein-Neulinge gibt es keine derartigen Unfallszahlen, sie erzeugen nur mehr Parkschäden. Eine Tragödie ist, dass eine ganze Kulturentwicklung über die Kohorte der jungen Männer hinaus dem Leichtsinn verfallen ist. Die euro-amerikanische Kultur kann immerhin vom Corona-Virus lernen, dass für die Menschheit eine geistige Mutation indiziert ist, bevor sie ihre eigene Lebensgrundlage zerstört.

Was kann man dafür tun? Lernen kann man natürlich auch – und zwar nach einer chinesischen Weisheit auf dreierlei Art: durch Nachahmung (die leichteste), durch Erfahrung – also nach dem Lemming-Prinzip – (die schmerzlichste) und durch Nachdenken (die schwierigste). Für ein Lernen durch Nachahmung ist der Fortschritt zu verführerisch; die derzeit übliche technische und wirtschaftliche Evolution ereignet sich nach dem Prinzip „Trial and Error", also nach dem Prinzip der Erfahrung mit all ihren Gefahrenmomenten. Fürs Lernen durch Nachdenken (Denken ist Probehandeln im Kopf) scheint es weder genügend Zeit noch genügend Vorstellungskraft zu geben.

Zu diesen drei Faktoren kommt noch die „rekursive Schau" als die Betrachtung der Vorgänge in Gehirn Und Körper, um sich selbst kennenzulernen und um seine Rolle in der Welt zu finden. Die Technik dafür ist Meditation, die Funktion dafür ist Spiritualität und das Ergebnis ist einerseits einigermaßen spannungsfreies Selbstbewusstsein und andererseits Intuition und Kreativität. Nach der christlichen Religion, deren Streben auf Nachahmung gerichtet ist, wird die Spiritualität für die Entwicklung und die Erhaltung des Glaubens eingesetzt; für die Entwicklung von Weisheit ist bisher offensichtlich zu wenig übergeblieben.

Der hohe Lebensstandard in den entwickelten Ländern ist nicht nur die Folge des Fleißes und des Organisationsgeschicks, wodurch im Handel mit den wenig entwickelten Ländern den entwickelten Ländern mehr Gewinn bleibt; zum anderen ist der Lebensstandard wegen der Einschränkung des zeitlichen Wahrnehmungshorizonts auf die Gegenwart so hoch. Die Lemming-Kultur des Westens bekommt ihre Richtung aus dem Glauben an die Problemlösungskraft des technischen Fortschritts und ihre Dynamik durch den Glauben an den Kapitalismus, der die moderne Wirtschaft dominiert.

Die moderne Wirtschaft, und zwar insbesondere in ihrer globalisierten Ausprägung, verdankt ihren Aufstieg ihrer Effizienz, ihre Schwäche aber ist mangelnde Verantwortlichkeit. Das Wirtschaften war immer schon risikoreich; und die moderne Wirtschaft kümmert sich mehr um die Gewinnmaximierung als um die Sicherheit. An ihrer Effizienz leiden die Welt und damit viele Menschen in der Zukunft; an ihrer Störungsanfälligkeit leiden viele Menschen schon in der Gegenwart. Im Kapitalismus wirkt eine starke Selektionskraft, die sich nach dem Geldwert richtet und damit die anderen Werte vernachlässigt.

Es gibt viele Unternehmen, die stärker als viele Staaten sind, sodass diese ihre Steuerhoheit nicht wahrnehmen können. In der Aktiengesellschaft ist der Manager dem Shareholder (= Aktionär) verantwortlich, der Shareholder nur sich selber. Die weite Distanz zwischen Produktionsstätte und Konsumenten und die komplizierte Handelsstruktur verschleiern das Verantwortungsgefühl. So manche Europäer kritisieren die Rodung der Amazonaswälder; der überhöhte Fleischbedarf der Europäer ist jedoch die Ursache der Umstellung von Wald- auf Feldwirtschaft nicht nur in Brasilien.

Im Übrigen verdankt der Kapitalismus seine Kraft nicht sich selber, sondern dem starken staatlichen Schutz. Wenn einem Unternehmer die Gründung einer Produktionsstätte dadurch ermöglicht wird, dass ihm Kapital zur Verfügung gestellt wird, kommt es schnell zur Produktionsaufnahme; Engstellen sind „bloß" die Nachfrage und die Umwelt. Eine ökosoziale Politik hebt diese einseitige Privilegierung auf, ohne auf die Dynamik der Marktwirtschaft verzichten zu müssen.

Die Marktwirtschaft sollte zur Zeit des Adam Smith den Feudalismus ablösen; allerdings sind beide, der Feudalismus und der Kapitalismus, Nutznießer des starken Eigentumsschutzes durch den Staat. Der Wettbewerb formt das System stärker als der eigentliche Zweck, nämlich die Bedarfsdeckung in einer begrenzten Welt. Die Technik des freien Handels sollte nach der liberalen Idee das Feudalsystem ablösen; sie ist heute aber die Ursache für die krassen Unterschiede der Einkommens- und Vermögensverhältnisse, wie sie dem Feudalismus entsprechen. Auf dem weiten Weg in die Zukunft sollte man einen Kompass mithaben, um nicht die Orientierung zu verlieren und nicht wieder auf den Ausgangspunkt zurückzukommen. Der Weisheitsspruch der Bibel „an den Früchten sollt ihr sie erkennen" schlägt eine ergebnisorientierte Weggestaltung vor.

Wenn die Elternidee, es möge ihren Kindern besser gehen, sich auf die Familie beschränkt, fördert das traditionell den Feudalismus; wenn sich diese Elternidee aber nicht in die politische Dimension auswirken sollte, ist eine gesicherte Zukunft auch der derzeit noch privilegierten Kinder in Frage gestellt. Es wird spannend sein, zu sehen, wie der Phönix ausschauen wird, der sich nach dem impfungsbedingten Ende der Corona-Krise in die Lüfte erheben wird; anfangs wird er etwas zerzaust sein. Werden sich die Staaten die Überproduktions-Kapazitäten der Wirtschaft und die Konsumgewohnheiten ihrer Eliten weiterhin leisten können?

Es wird sich herausstellen, ob einerseits der politische Vollzug der Demokratien gegen die Entwicklung zur Feudalisierung der Gesellschaften, die sich durch die Akkumulierung von wirtschaftlicher und politischer Macht vollzieht, bestehen wird. Der auf die Wirtschaft bezogene Liberalismus fördert zurzeit die Feudalisierung der Gesellschaft und ihre Industrialisierung und mit dieser die Zerstörung der Lebensgrundlage der Menschen neben anderen Kollateralschäden.

Gegenüber der gängigen Wirtschaftstheorie ist es notwendig geworden, eine geeignete Gesellschaftstheorie zu etablieren. Wenn das Marktsystem das Gesellschaftssystem dominiert, kann das nicht gut ausgehen. Es wird sich zeigen, ob sich die Beraubung zukünftiger Generationen stoppen lassen wird – im Übrigen hat die beraubte Zukunft schon begonnen. Insofern Demokratie ein Kulturgut ist und kein Naturprodukt, bedarf sie permanenter Pflege.

Die technische Entwicklung ist das Ergebnis des instrumentellen Denkens und ist an sich wertfrei; ihre Anwendung allerdings greift stark in den Lebensvollzug ein und ist ohne Prüfung durch das kognitive Bewusstsein unverantwortlich. Beim konstruktiven Denken ist die Rationalität dominant, beim kognitiven ist es die Intuition. An der Cleverness eines guten Kaufmanns hat die Sozialkompetenz einen großen Anteil; für die Weisheit ist sie zentral. Weil das Wort „Weisheit" in unseren Breiten kein sonderliches Prestige genießt, nennt man schlaue Leute, die sich für eine bessere Welt einsetzen, „Intellektuelle". Dafür braucht man neben seiner Sensibilität schon eine ganze Menge wissenschaftlicher Kenntnisse und technischer Fähigkeiten.

Bei entsprechender gesellschaftlicher und individueller Anstrengung wäre das weite Wissen um die Prozesse, die die Welt ausmachen, zu verstehen und auf sie positiv einzuwirken, für viele erreichbar. Wegen meiner Blindheit stoße ich oft an meine Grenzen, die mich aber nicht gleich resignieren lassen sollen.

Ich bin technikabhängig und könnte den Text ohne Computer und Internet-Recherche nicht schreiben; doch glaube ich, dass nunmehr das Hauptgewicht auf eine neue Sensibilität zu legen wäre, um die fortschreitende Zerstörung des menschlichen Lebensraumes zu verhindern. Jedenfalls sollte der Einsatz der Technik nicht dem ökonomischen Prozess überlassen werden, sondern der gesellschaftlichen Planung. Dagegen steht allerdings der auf Technik ausgerichtete Optimismus von zu vielen Entscheidungsträgern.

Ich hatte in Alpbach einmal die Möglichkeit, mit einem indischen Außenminister zu reden – nämlich Narasimha Rao in den 1980er-Jahren – und fragte ihn, warum denn Indien Atomkraftwerke hätte, wenn doch so viele von ihnen an die Wiedergeburt glauben: „ein Leben lang Strom und 1000 Leben lang Ärger!".

So wie die Menschen gegen fremde Viren häufig nicht resistent sind, haben auch indigene Kulturen für Kulturimporte oft zu wenig Verständnis und brauchen einige Zeit, sie mit ihren Vor- und Nachteilen einigermaßen richtig einzuschätzen. Je nachdem, wie der Monsun ausgefallen ist, gab es jeweils in halb Indien schwere Hungersnöte mit entsprechendem Bevölkerungsschwund. Durch die Errichtung der Eisenbahnen durch die Briten konnten die Versorgungsprobleme ausgeglichen werden. Fiel der Sommermonsun im westlichen Landesteil aus, so konnte man sich aus dem östlichen versorgen; fiel der Wintermonsun im Osten aus, war es umgekehrt. Um den Folgen des fehlenden Bevölkerungsschwundes zu entgegnen und die Familienplanung einzuführen, brauchte es mehr als hundert Jahre.

Narasimha Rao konnte damals meine Frage nicht beantworten, Er redete aber gern mit mir über das Thema, musste aber nach einer Stunde zurück zu Premierministerin Gandhi. Eine der möglichen Antworten wäre die Zeitverzögerung bei der Übernahme von Kulturimporten gewesen. Um einen wirtschaftlichen Kollaps zu vermeiden, wechselte Indien unter dem Premierminister Narasimha Rao 1991 das Wirtschaftssystem von der sowjetischen Form zur westlichen Ausprägung.

In Indien ist das Gespräch über Religion nach wie vor beliebt; im Westen ist dieses Thema wahrscheinlich durch die Inquisition mit ihrem Diskussionsverbot weitgehend abgewürgt worden; die katholische Kirche entschied sich für die geistige Inzucht. Anlässlich der Levinsky-Affäre schrieb ein amerikanischer Journalist: „Früher war Religion öffentlich und Sex privat; nun sei es umgekehrt". Religion bedeutet vom Wort her „Besinnung" und sollte es dem Inhalt nach auch sein; Gläubigkeit wird häufig zum Plagiat, also zu einem Inhalt, in dem man sich die Auseinandersetzung mit dem Problem erspart hat.

In Indien haben sich die Religionen nach den ökologischen Bedingungen ausgerichtet. An den Küsten wie in Kerala siedeln Christen und Moslems, die vom Fischfang leben. In den Bergregionen wie Kaschmir leben Moslems, weil es dort nur wenig Ackerbau, aber viel Weidewirtschaft gibt. Im fischreichen Mündungsgebiet des Brahmaputras leben viele Moslems und auch die Hindus essen Fisch. In den Zentralräumen, wo Feldwirtschaft möglich und wo es daher ökologisch sinnvoller ist, vegetarisch zu essen, leben Hindus.

Weil die Hindus zwar Milch trinken, die Kühe aber als heilig gelten (also unter Schutz stehen), wollte ich während unserer dortigen Aufenthalte erfragen, was mit den jungen Stieren und den trocken gewordenen alten Kühen passiert. Die Frage wollte oder konnte mir niemand beantworten und war peinlich; so hörte ich auf zu fragen. Bei uns wird das Thema industrielle Tierhaltung auch verdrängt, um sich nicht den Appetit zu verderben oder sein Gewissen zu überlasten.

Die Auseinandersetzung über die Orientierung sollte im Leben eine wichtige Rolle spielen – Religion und Philosophie sehen sich selbst als Heimstätten dieser Themen, haben es in den entwickelten Ländern aber offensichtlich nicht geschafft, uns vor der politischen Sackgasse, in die wir eingefahren sind, zu bewahren. Der Psychiater Viktor Frankl (1905 bis 1999) stellt die Frage nach dem „Wozu" ins Zentrum, damit sich daraus die Einsicht in den Sinn seines Lebens und wohl auch nach seiner sozialen Verantwortung ergibt.

Die Hauptfrage der heutigen Politik scheint zu sein, wie der gegenwärtige Wohlstand aufrechtzuerhalten sei. In Österreich ist der ökologische Fußabdruck 1964 über sein ethisch gerechtfertigtes Maß hinausgewachsen. Eine Rückkehr zu diesem Maß würde wegen der real erfolgten technischen Fortschritte heute einen höheren Lebensstandard als damals ermöglichen.

Als Studenten im Jahr 1989 auf dem Platz des himmlischen Friedens in Peking für mehr politische Freiheiten demonstrierten, beantwortete das die Regierung mit einem Massaker und der Umstellung der Wirtschaft auf Kapitalismus; die Staatsführung konnte sich auf Konfuzius (550 bis 478 v. Chr.) berufen; seine Gedanken entsprechen weithin denen Calvins.

Der kommunistischen Regierung war es offensichtlich lieber, statt Freiheit zu geben auf Kapitalismus und damit zu erwartendes Wirtschaftswachstum zu setzen. Auch Diktaturen müssen dem Volk etwas bieten: China probierte es mit der Erhöhung des Wohlstands und kommt damit dem Ressourcenverbrauch Europas näher. Genötigt durch die Überproduktion in den westlichen Industriestaaten sind diese veranlasst, mit China Handel zu treiben, und sie fördern damit nicht nur sein wirtschaftliches, sondern auch sein militärisches Wachstum. Weil die Diktatur als Gesellschaftssystem funktioniert, hat ihr Teilsystem Wirtschaft Vorteile im Wettbewerb.

Indien als die größte Demokratie und China als die größte Diktatur starteten ihren Einstieg in die moderne Welt um das Jahr 1950; Indien ist derzeit auf 25 Prozent des Wirtschaftsvolumens Chinas; beide haben etwa gleich viel Einwohner. Beruht dieser Rückstand Indiens, der ein Vorteil für die Welt ist, auf der demokratischen Ordnung? Oder ist es eine bloße Unfähigkeit oder eine Mentalitätsfrage? Oder wie weit können immaterielle Kulturgüter wie Freiheit, Kunst und Religion den Bedarf an materiellen Kulturgütern ersetzen? Oder welche immateriellen Kulturgüter sind es, die den Bedarf nach materieller Expansion ersetzen können?? Eines davon könnte Freizeit sein, die ohne übermäßigen CO_2Ausstoß zu verbringen wäre.

Wenngleich die Hindus mit diversen Herrschaftsstrukturen auskommen mussten, so haben sie doch für die Verwaltung ihrer Dörfer schon in historischer Zeit ein demokratisches System entwickelt, das ihnen den Einstieg in die moderne Demokratie erleichterte. Im Fünferrat saßen vier Vertreter der Kasten und ein Unberührbarer zusammen – der letztere hinter einem Vorhang –, um die anstehenden Angelegenheiten zu beraten und wohl auch zu beschließen. Man mag die indische Demokratie nicht gerade als vorbildlich beurteilen, im Vergleich zu ihren Nachbarn Pakistan und China schafft sie es doch ziemlich gut. Im Gegensatz zur chinesischen Diktatur beruht nach einer intensiven Diskussion die Vermeidung des Geburtenüberschusses auf Freiwilligkeit; in Pakistan hat die Idee der Familienplanung noch nicht gegriffen.

Die Demokratie ist kein Selbstzweck und wird von verschiedenen Seiten bedroht, insbesondere auch von innen. Sie läuft wegen ihrer Organisation Gefahr, zum Selbstbedienungsladen zu werden und der notwendigen Verantwortung nicht zu genügen; eine der möglichen Schwächen der Demokratie ist die Konzentration auf die aktuellen Interessen und die Vernachlässigung der Interessen der zukünftigen Generationen.

Diesen Gedanken zu berücksichtigen, wäre eine wichtige Aufgabe der Zivilgesellschaft. Die Religion des christlichen Abendlandes leitet die Hoffnung der Menschen lieber auf den Himmel ab und richtet sie nicht auf künftige Generationen und hat sich damit dieser Aufgabe entzogen.

Nach seiner Staatslehre würde der griechische Philosoph Aristoteles (384 bis 322 v. Chr.) die heutigen Demokratien wegen ihrer Zukunftsblindheit gewiss zu den schlechten Staatsformen zählen. Sie sind schlechte Demokratien oder Ochlokratien, also Pöbelherrschaften, weil sie mit ihren Ansprüchen nach Wohlstand, zu dessen Befriedigung mehrere Planeten notwendig wären, die Zukunftschancen der Menschheit verderben und eine friedliche Entwicklung verunmöglichen. Sie richten sich nicht nach dem Gemeinwohl, sondern nach den kumulierten Interessen der Individuen, was schließlich dem Gemeinwohl schadet. Nach Aristoteles wäre eine Polikratie eine gute Demokratie; da würde sich das Volk von den Guten regieren lassen und nicht von den wirtschaftlich Erfolgreichsten. Wie das zu bewerkstelligen wäre, ist wohl die Gretchenfrage.

Die christliche Religion hat sich mit ihrem Himmel/Hölle-Theorem auf den Holzweg begeben, der ins Nirgendwo führt und nur als Disziplinierungsmittel taugt und nicht die Übernahme gesellschaftlicher Verantwortung fördert. Mit diesem Modell hat sie lange den Monarchien gedient, die Untertanen brav zu halten; eine Demokratie braucht aber verantwortungsbewusste Bürger, denn diese gestalten die Politik.

Die meisten Staatsführungen befinden sich derzeit mit Zustimmung der Völker fest in den Händen wirtschaftlicher Interessen. Der Weg aus der geistigen Krise ist fast so schwer, wie sich mit dem eigenen Schopf aus dem Sumpf zu ziehen. Die einzige Möglichkeit ist, Weisheit zu suchen, und auch die Kirche sollte den Heiligen Geist, den sie im Jahr 325 zur Ruhe gelegt hat, reaktivieren.

In der Demokratiewerdung entwickeln sich die Ansprüche der Bürger an den Staat gewöhnlich schneller als die Übernahme der Pflichten an ihn. Schafft sie aber diese Hürde, so muss sie sich doch auch in ihrem Umfeld behaupten; die Verwirklichung der Trias „Freiheit, Gleichheit, Solidarität", die einander bedingen und unterstützen, ist eine große Aufgabe. Würde man allerdings das viele Geld, das gesellschaftsschädlich für die Steigerung des privaten Konsums eingesetzt wird, für die Förderung der Gemeinschaftsaufgaben einsetzen, wäre auch da etliches zu erreichen.

Trotz mancher militärischer und vieler ziviler Gefahren scheint Österreich gerade nur den Standby-Status des Bundesheeres aufrechterhalten zu können; nicht nur für die Lemminge, sondern auch für die Menschen stellt Kurzsichtigkeit eine tragische Gefährdung dar. In den Staaten, die um des Friedens willen dem Militär das Beutenehmen verbieten, sinkt die Reputation der Angehörigen der auf Verteidigung eingeschränkten Streitkräfte – früher wurden die Generäle mit Schlössern belohnt; heute fallen sie den Wirtschaftskapitänen, die nach wie vor Beute machen dürfen, zu.

Die aktuelle Weltwirtschaft ist die Fortsetzung des Eroberungskrieges mit scheinbar friedlichen Mitteln. Die Zuerkennung von Kriegsbeute an die Soldaten entspricht wegen ihrer polemogenen (= kriegsfördernden) Wirkung nicht mehr dem aktuellen Völker- und Kriegsrecht; die vorherrschende liberale Wirtschaft muss erst an ihrer ökoziden (= weltzerstörerischen) Wirkung gemessen werden, um sie friedenstauglich zu machen.

Das liberale Wirtschaftssystem überlässt der Wirtschaft die Gestaltung der Gesellschaft sowie zuvor der Krieg als selbstverständlicher Gestalter der Lebensverhältnisse akzeptiert worden ist. Ein Unterschied zwischen den beiden Systemen besteht jedenfalls darin, dass der Krieg seine Verlierer entweder in die Erde entsorgt oder in die Ferne vertrieben hat. Wenn die aktuelle Gesellschaft nicht auf ihre Dynamik verzichtet, verschiebt sie die Opferrolle auf zukünftige Generationen. Streitkräfte, die das aktuell vorherrschende Wirtschaftssystem schützen, machen sich mitschuldig am Zerstörungsprogramm des Lebensraums. Wenn das Wirtschaftsinteresse die Politik dominiert, so entspricht das dem Wort „Den Bock zum Gärtner machen".

Heute muss eine Gesellschaftstheorie gesucht werden, die die Markttheorie, durch deren Dominanz der menschliche Lebensraum gefährdet ist, ablöst. Das schlichte Prinzip „Wer sich mehr nimmt, hat mehr" und das demokratische Prinzip sind nicht im Einklang. Die Wirtschaftskrise 2008 und die Covid-Pandemie zeigen, dass die liberale Wirtschaftstheorie nur bei Schönwetter anwendbar ist; ihr Vollzug beendet aber die Schönwetter-Periode. Wenn Gewalt nicht von Kooperation und Schlauheit nicht von Weisheit abgelöst wird, wird der Traum von Demokratie bald ausgeträumt sein.

Aufgrund der weitverbreiteten geistigen Kurzsichtigkeit, die nur aktuelle und keine potentiellen Gefahren wahrnimmt und so auf sie reagieren könnte, ist auch der Umgang Österreichs mit seiner dafür ausgerichteten Organisation unbefriedigend. So, wie die Weltgesellschaft vom Eintritt der Klimakrise überrascht worden ist, könnte sich auch aktuell herausstellen, dass das militärische Potential Österreichs eines Tages unzureichend ausgestattet ist. Eine zeitnah aus- und aufbaufähige fachliche und sachliche Infrastruktur sollte zumindest gewährleistet sein.

Als der ökologische Fußabdruck Amerikas in den 1960er-Jahren zur Übergröße wuchs, entstand in der Hippie-Bewegung ein Widerstand gegen den Produktions/Konsum-Rausch; nicht nur deshalb, weil diese wichtige Erkenntnis zum Teil im Drogenrausch entstand, sondern weil das Establishment noch nicht reif war für diese Einsicht, ist daraus nichts geworden.

Der Neoliberalismus mit Friedrich August Hayek (1899 bis 1991) und Milton Friedmann (1912 bis 2006) förderte das Konkurrenzsystem und schwächte die sozialliberale Ordnung, schmälerte die Macht der Gewerkschaften und führte zum Thatcherismus und zu Reaganomics sowie zur Globalisierung in den 1990er-Jahren, die Europa und den USA soziale Sicherheit nahm, den Wettbewerb anheizte und die Wirtschaft weiter in die Sackgasse trieb, in der dem ökologischen Denken der Raum fehlt. Es ist schwer zu verstehen, dass ein aus zwei Faktoren wie Angebot und Nachfrage bestehender Mechanismus das Leben auf der Welt, das aus einer Vielzahl von Faktoren besteht, regeln können soll. Schon die Wirtschaft beruht auf zumindest drei Dimensionen, und zwar der Produktion, dem Konsum und der Welt. Das sprichwörtlich gewordene Volkswissen, man solle die Rechnung nicht ohne den Wirt machen, stellt sich als klüger heraus als die neoliberale Wirtschaftswissenschaft, die gegen jede Vernunft das Wirtschaftsleben bis heute dominiert.

Immerhin aber bedeutet die Fähigkeit irgendwelcher Jugendlicher, wichtige Einsichten zu haben, einen Grund, die Hoffnung in die Demokratie nicht aufzugeben. Wissen entsteht nicht notwendigerweise im Establishment; nach der Ansicht des sozialliberalen Paters Oswald von NellBreuning SJ eben gerade nicht da. Heute lässt sich die Notwendigkeit des Wandels wissenschaftlich nachweisen – und außer reger Konferenztätigkeit tut sich trotzdem nichts. Was zu tun ist, ist ziemlich klar: das Wirtschaftsvolumen auf ein ethisch rechtfertigbares Maß auszurichten beziehungsweise zu reduzieren. Wie man den Wandel einleitet und welche konkreten Schritte zu machen sind, sollte stärker und qualifizierter als jetzt in der politischen Diskussion behandelt werden.

Wenn Maschinen den Menschen die Arbeit abnehmen und diesen Menschen neue Arbeit gegeben werden muss, wird die Expansionsspirale bis zum Kollaps oder hoffentlich nur bis zur Einsicht weitergehen. Für den Ausgleich des Rationalisierungsfortschritts müssen die Staaten häufig Kredite aufnehmen, denn aus den Gewinnen lassen sich diese Mittel offensichtlich kaum aufbringen. Die sogenannte Rationalisierung reduziert de facto die Chancen auf Zukunft – sowohl durch Schuldenaufbau als auch durch den gesteigerten Abbau von Bodenschätzen. Die Rationalisierung spricht nur eine eindimensionale Logik an – nämlich die Einsparung von Arbeitskräften –, sie wird der Komplexität der Wirklichkeit aber nicht gerecht.

Was im Wirtschaftsprozess an Geld entsteht, wird für Investitionen, Gewinne, Löhne und laufende Staatsausgaben ausgeschüttet; die Rationalisierungsergebnisse verbleiben als Reduktion des Arbeitsvolumens in der Volkswirtschaft. Arbeitszeitersparnis realisiert sich nicht als Geldwert; die Rationalisierungsgewinne werden daher für den Staat Negativposten und wirken wie schwarze Löcher.

Verschlankt man die Löhne, so fehlt die Kaufkraft; und die Unternehmer können für den Schaden der „Rationalisierung" natürlich auch nicht aufkommen, denn sie stehen unter Konkurrenzdruck. Alle großen Wirtschaftssysteme (die USA, die Europäische Union und Japan) lösen das Problem durch Staatschulden oder indem sie Arbeitskraft oder Rohstoffe unter Dumpingbedingungen auf den Markt werfen (etwa China oder Afrika). Die Wirtschaft bilanziert in Geld; der Staat als Hüter der Volkswirtschaft sollte auch in Arbeitszeit und in etlichen anderen Werten bilanzieren. Die Exaktheit, mit der in Geld gerechnet werden kann, veranlasst viele, die in Geld berechneten Prozesse als rational anzusehen; dieser Irrtum ist die Quelle vieler Fehlbewertungen.

Der Handelsverkehr mit Billiglohnländern löst das Arbeitszeitproblem nicht, sondern verstärkt es für die Hochlohnländer. Durch die Globalisierung sind nicht nur einzelne Arbeitsplätze gefährdet, es können auch ganze Branchen sein. Geschaffen werden im Wesentlichen Arbeitsplätze in der Transportbranche, die aber ökologisch schädlich ist.

Staaten mit Handelsbilanzüberschüssen lösen das Problem der Beschäftigung nur für sich, überwälzen es aber auf ihre schwächeren Nachbarn. Der Wirtschaftsliberalismus der ersten Jahrzehnte nach dem Zweiten Weltkrieg war sozialliberal; in ihm waren Handelsbilanzüberschüsse verpönt; der später kommende Neoliberalismus verzichtet nun auf diese soziale Komponente der Wirtschaft. Der Niedergang der Länder Südeuropas ist, wenn auch über den Umweg über Billiglohnländer, die Folge des wirtschaftlichen Erfolgs Mittel- und Nordeuropas.

Der Abbau von Bodenschätzen, der heute als Aktivum bilanziert wird, ist in Wirklichkeit ein Negativposten. Die verbreitete Unfähigkeit, abstrakt zu denken, führt dazu, dass der Wert des Geldes als Messeinheit überschätzt wird; diese Messeinheit bildet den wirtschaftlichen Prozess nur sehr mangelhaft ab. Staatsschulden sind durch ein einfaches Gesetz einfach abzubauen; der Abbau von Bodenschätzen hingegen bildet eine nachhaltige Reduktion von Lebenschancen.

Die Astrophysik ist drauf und dran, die Negativ-Energien (nämlich die „Schwarzen Löcher") als Realitäten zu akzeptieren; die Wirtschaftswissenschaft nuss die ‚Schwarzen Löcher' in der Wirtschaft erst entdecken.

Die Diktatur der wirtschaftlichen Konkurrenz bestimmt derzeit die Entscheidungen der Wirtschaftspolitik, indem sie Philosophie und Religion auf den Zuschauerrang verweist. Die Wirtschaftswissenschaften müssen den schwierigeren geistigen Weg erst einmal betreten und sich auf ein Denken in mehreren Ebenen einlassen, um den Ökonomismus als oberste Denkinstanz zu überwinden. Den Militarismus als oberste Instanz gibt es auch schon nicht mehr, jedenfalls nicht in den zivilisierten Staaten. Eindimensionale Sichtweisen bewähren sich eben nicht; in Bezug auf eine demokratische Lebensgestaltung gilt es, Einsicht, Umsicht und Übersicht, also Generalkompetenz, anzustreben und Kooperation zu fördern.

15. Ein Gedanke zum Schluss

Wie bei allen Lebewesen entsteht alles Verhalten aufgrund des inneren Wesens in der Reaktion auf die äußere Welt. Im Gegensatz zu den Tieren, deren Verhalten weithin instinktiv gebunden ist, steht dem Menschen ein weiter Handlungsspielraum zur Verfügung, der aus dem „Geist" entsteht.

Während die Erforschung der Außenwelt natürlicherweise als „Naturwissenschaft" bezeichnet wird, beschäftigen sich die Geisteswissenschaften und die Religionen traditionell mit dem Innenleben des Menschen. Mit der Entwicklung der modernen Psychologie weiß man nun auch in Europa – anderswo hat es diese Trennung weniger gegeben –, dass der Mensch und sein Geist auch der Natur zugehören.

Um die Menschheit aus der misslichen Lage zu befreien, in die sie sich hineinmanövriert hat, ist es notwendig, dass sich die Wissenschaften kritisch mit den diversen Religionen und die Religionen kritischer um die Vorgangsweise der Wissenschaften kümmern. Es bedarf einer besseren Kooperation zwischen Spiritualität, die den Zugang zum Geist des Menschen öffnen kann, und Wissenschaft, die das Wissen vom Menschen erschließt. Es geht darum, die Wörter „Wozu", „Was" und „Wie" – also Weg und Ziel – besser in Einklang zu bringen. Es ist kein Ergebnis geistiger Größe, so viel Mühe wie die industrielle Kultur aufzuwenden und damit den menschlichen Lebensraum zu schädigen.

Es scheint eine Schwäche der menschlichen Wahrnehmung zu geben, wegen der die Faktoren Prozess und Struktur nicht gut unterschieden werden. Ich nenne hier zwei Beispiele, die für die aktuelle Entwicklung der Politik eine große Rolle gespielt haben und noch spielen.

Die eine Fehlermöglichkeit durchzieht viele Religionen und betrifft sowohl das Christentum als auch den Islam. In einem weiten Wahrnehmungsspektrum finden sich viele Empfindungen, die man dem religiösen Themenkreis zuordnen kann. Das geht von Dankbarkeit ohne konkreten Adressaten und großer Freude ohne äußeren Grund auf der einen Seite bis zum Gefühl, verloren und ausgeliefert zu sein, auf der negativen Seite. Darauf zu reagieren, ohne es in Zusammenhang mit der Welt zu bringen, ist ein Mangel. Hingegen ist es ein Spitzen- oder Gipfelgefühl, sich mit den Mitmenschen, mit der Mitwelt oder gleich mit dem ganzen Kosmos in Einklang zu fühlen. Solche „Erfahrungen" haben einen großen Einfluss auf das weitere individuelle und gesellschaftliche Leben.

Vergleicht man das Angebot des Christentums mit der Nachfrage danach, so zeigt sich schnell eine Dissonanz. Das Christentum will Komfortplätze im Himmel vermitteln; den Europäern geht es aber im Leben vor dem Tod so gut, dass sie lieber dieses Leben auskosten wollen. Die Sensibleren unter ihnen merken zwar mittlerweile, dass sie mit diesem Leben ihrer Verantwortung ihren Nachfolgegenerationen gegenüber nicht gerecht werden; diese Verantwortung löst ein individueller Einzug in den Himmel nicht auf. Das Christentum hat Gläubigkeit als Ziel gesetzt. Glaube ist ein Faktor der Emotionalität; weil er aber kein Faktor der Sensibilität ist, kann er zur Entwicklung von Weisheit wenig beitragen – und Weisheit wäre gefragt. Der christlichen Kirche war eine feste, auf Glauben gegründete Struktur lieber als der ewige Prozess der Suche nach Erkenntnis.

Das menschliche Verhalten folgt sowohl den Impulsen aus Wissen und Denken als auch denen aus Glauben und Empfinden. Individuelle Entscheidungen laufen oft auch unbewusst ab; um aber den Möglichkeiten der menschlichen Natur gerecht zu werden – also Weisheit zu erlangen –, ist die Nutzung des eigenen Bewusstseins unerlässlich.

Im Westen heißt es, „Durch Schaden wird man klug"; Der Yoga und der Buddhismus bieten Techniken an, um Weisheit auch ohne vorangehendes Leid lehr- und lernbar zu machen. Weise wird eine Entscheidung sein, wenn sie beide Impulsquellen berücksichtigt – also Empfinden und Denken.

Nicht nur im privaten, sondern auch im öffentlichen Bereich ist es viel zu oft der Fall, dass sich die Entscheidungsträger nicht die Zeit nehmen, auf eine weise Lösung zu warten; sie aber nicht einmal zu suchen oder sie durch Vorrangregeln sogar zu verhindern, ist zu kritisieren. In diesem Fall ist Dogmengläubigkeit der Stolperstein.

Um als Religion als Komponente der Weisheit der Wissenschaft als der anderen Komponente begegnen zu können, müssen sich die Glaubensreligionen noch ziemlich bewegen. Sie können derzeit allen, die sich auf sie einlassen, Ruhe des Geistes und Trost im Unglück vermitteln; wenn sie jedoch Rationalität in ihr System einließen, könnten sie auch den Weg der Weisheit beschreiten und an der Verhinderung zukünftigen Unglücks mitwirken.

Auf Weisheit beruhende Entscheidungen sind insbesondere wichtig, wenn es sich um gesellschaftsbezogene Weichenstellungen handelt. Da ist die Demokratie mehr gefordert als eine Diktatur, denn die Demokratie will ja auf das Mittel der Gewalt verzichten. Die Natur des Menschen ist es, glücklich leben zu wollen. Dem Wesen der Demokratie entspricht es, dies gemeinschaftlich zu erreichen; das andere ist der Imperialismus, dessen Wesen es ist, sein Lebensglück auf Kosten und zu Lasten anderer zu erreichen; dafür braucht es Schlauheit und Gewalt.

Die Aufklärung, die dem Denkmodus Vorrang gibt, ist das andere System mangelnder Optimierung. Sie überschätzt den Wert von Zählen und Messen; damit drängt sie die Entwicklung des Gefühlsmodus und mit diesem die Fähigkeit der Bewertung in den Nachrang.

René Descartes (1596 bis 1650) sah in seinem berühmt gewordenen Satz „ego cogito, ergo sum" („Ich denke, daher bin ich") die Bestätigung der Existenz des Menschen. Schon Immanuel Kant kritisierte den Satz aus formallogischen Gründen (sein wäre kein reales Prädikat; siehe Kants „Kritik der reinen Vernunft" (Wikipedia). Der indische Internet-Yogi Sadhguru kritisiert den Satz inhaltlich; er sei falsch, weil er die Kausalität verdrehe. Der Mensch schaffe sich nicht aus seinem Erkenntnisprozess, sondern er erkenne sich aufgrund seiner Existenz. Die Realität ist, dass ihm seine Existenz das Denken möglich macht. Die Aussage „Ich schwitze, daher bin ich" hätte nach meinem Verständnis keine geringere Aussagequalität als die Aussage Descartes'.

Er stellt im Einklang mit der von ihm begründeten Aufklärung das Denken voran, obwohl der Hauptteil der Selbstwahrnehmung aus dem Gefühl kommt und sich mit den Empfindungen Selbstbewusstsein, Überheblichkeit oder Minderwertigkeitsgefühl einstellt. Das erdachte „Ich" ist ein Konstrukt; das „erlebte Ich" ist wirklich. Der Mensch erlebt die Wahrnehmung seines Ichs im Alter von etwa zwei Jahren erstmals; Bewusstsein ist eine originäre, nicht bloß eine derivative Funktion des Menschen.

Die christliche Religion hat dem Glauben als einem der Aspekte der Emotionalität Dominanz über das Denken als einem der Aspekte der Rationalität Vorrang gegeben; die Aufklärung regelte den Vorrang andersherum. In beiden Fällen wurde systembedingt die Sensibilität als Basis der Orientierung vernachlässigt. Mit dem eingebildeten Vorrang des Denkens vor den Gefühlen, wie es die Aufklärung mit sich gebracht hat, ist die Menschheit in die Sackgasse geraten, in der sie sich befindet. Während die Emotionen, also die Gefühle wie die Wünsche und die Ängste das Leben ungehindert vorantreiben, hat sich die Sensibilität wie etwa die Verantwortung nicht ausreichend entwickelt; das System hinkt.

Die die Selbstwahrnehmung betreffende Schlamperei in den beiden historischen Fällen würde ja weiter keine Rolle spielen, wenn sie nicht als Orientierung und als Zielvorgabe weiterwirken würden. Das Christentum propagiert einen Glaubensinhalt, also eine Emotion, als Orientierung fürs Leben; die Aufklärung propagiert das Denken als Führungsinstanz und vernachlässigt damit auch das weite Spektrum der Möglichkeiten des menschlichen Geistes.

So wie die christliche Lehre den Menschen als Körper und Seele dual versteht, bleibt auch Descartes bei dieser Zweiteilung und setzt nur „Geist" statt der Seele als zweite Entität. Aus der Wissenschaft heraus lässt sich das System differenzierter darstellen. Die Information als Aspekt des Geistes gehört strukturell dem Körper zu; sie befindet sich als DNA in den Zellen. Sowohl die bewusste als auch die unbewusste Verarbeitung der angelegten Informationen in der Reaktion auf die zukommenden Informationen ist aber ein Prozess. Körper und Geist sind eine Einheit mit jeweils unterschiedlichen Funktionen.

Der Yogi stellt das komplexe Beziehungsverhältnis der einzelnen Funktionen in einem Bild dar. „Der Körper ist der Wagen; der Verstand ist der Wagenlenker; die Sinnesorgane sind die Pferde; das selbst oder der ‚innere Mensch' ist der Insasse und der Yoga ist das Geschirr, das das System verbindet". Durch die Konzentration auf sein inneres Wesen versucht der Yogi, mit Hilfe seines Verstandes, sich mit sich selbst und mit seiner Umwelt in Harmonie zu bringen und dadurch glücklich zu werden.

Um den Reduktionismus, der aus der nicht ausreichend entwickelten Aufklärung entsteht, zu zeigen, verweise ich auf ein Beispiel in diesem Buch. Der Prozess auf dem Markt, der zwischen Anbietern und Käufern stattfindet, verändert die Gesellschaft; damit dominiert das Subsystem, nämlich die Wirtschaft, das übergeordnete System, nämlich die Gesellschaft, und schädigt die Welt als den Lebensraum – und die Gesellschaft schaut mehr oder weniger fassungslos zu.

Der Markt ist einer der Möglichkeiten, wie man Produktion und Konsum organisiert; der blinde Glaube an dieses Organisationskonstrukt führt aber zu einigen Fehlsteuerungen und gehört reformiert. Eines der auftretenden Probleme ist die Wandlung von der Demokratie zurück zum Feudalismus, den die Demokratiebewegung abschaffen wollte. Diese Rückwandlung geschieht zwar unter Mitwirkung, ereignet sich aber außerhalb des Bewusstseins der meisten Bürger. Das Scheitern der sozialen Lösungen erschwert auch ökologische Lösungen, die für das friedliche Überleben der Menschheit notwendig sind.

Und auch das Bewusstsein für den folgenden Widerspruch fehlt: die meisten Eltern wünschen ihren Kindern ein gutes Leben; um das aber zu erreichen, ist das aktuelle Marktgeschehen wegen der zu großen Dynamik ungeeignet. Ein individuelles Leben wird gut gelebt, wenn Denken und Fühlen, also Rationalität, Sensibilität und Emotionalität ohne größere Probleme gut miteinander kooperieren. Und für die Gesellschaft mit ihren Äußerungen Wissenschaft und Religion gilt das wohl auch; aber aktuell funktioniert das schlecht. Das Elternbewusstsein geht nicht in das Gesellschaftsbewusstsein über.

Religion ist ihrem Wesen nach auf Besinnung ausgerichtet, Religionen sind aber oft so umgestaltet, dass sie ein institutionelles Eigenleben zu führen beginnen und ihrem eigentlichen Zweck nur schlecht dienen können. Die Wissenschaft ist nur in ihrer eigentlichen Funktion, nämlich der Forschung, an die Rationalität gebunden; die Auswahl, was geforscht wird, und vor allem die Nutzung ihrer Ergebnisse folgen Emotionen. Sowohl für die Religion als auch für die Wissenschaft wäre mehr Sensibilität wünschenswert. So wie für die Religion nicht der Glaube das höchste sein sollte, sondern die Weisheit, sollte auch für die Wissenschaft nicht das Wissen, sondern auch eine weise Nutzung Priorität haben.

Die Sensibilität ist ein notwendiges Differential zwischen den Emotionen Glauben und Wünschen und den Fähigkeiten Wissen und Können. Es geht darum, ein Problem sensibel wahrzunehmen und den Prozess der rationalen Lösung sowie die emotionale Umsetzung sensibel zu begleiten. Die christliche Ethik hat nicht ausgereicht und eine wissenschaftlich-weltliche Ethik beginnt sich erst zu entwickeln.

In der Zeit von Schaufel und Krampen, also vor der Erfindung des Dynamits und des Baggers, war der Raubbau an der Natur nur begrenzt möglich; und vor der Erfindung der Atombombe war ein Krieg als Notausgang aus einem unlösbar scheinenden Schlamassel immer rechtfertigbar und grundsätzlich sinnvoll – aber was können wir heute machen? Um sowohl dem langsamen globalen Suizid durch die Verwendung des Baggers als auch dem schnellen Suizid durch die Atombombe zu entgehen, müssen wir unsere Denkweise weitgehend ändern. Der Auftrag der Schweizer Militärdoktrin, der die Streitkräfte auffordert, „zur Verhinderung von Kriegen und zur Erhaltung des Friedens beizutragen", wird wohl eine qualifizierte Achtsamkeit verlangen.

Danksagung

Dass dieses Buch so geworden ist, wie es ist, verdanke ich in erster Linie meiner Frau Friedelind; sie hatte den Mut und das eigene Interesse, mit mir trotz meiner Blindheit etliche selbstorganisierte Indienreisen zu machen, wobei wir das erste Mal über Land gefahren sind. Nach dem Ende meines Studiums lernten wir bei Maria Schmid an der Universität Wien den Yoga kennen und fühlten das Bedürfnis, die Körper- und Geisteskultur Yoga vertieft kennenzulernen. Meine Frau hat sich etliche Jahre vor ihrem Tod 2020 wegen Demenz in einem Pflegeheim befunden; sie hat dort die meiste Zeit gelächelt und sich offensichtlich in ihrer Urnatur befunden.

Mein Dank geht auch an die Yogaschule „Yoga Niketan" in Rishikesh (Nordindien), deren Gründer und Leiter uns als Schüler akzeptiert hat. Die Erblindung während der Pubertät macht es naheliegend, sich in der Welt neu zu orientieren; dies in einer sensiblen Umgebung wie in einem Aschram tun zu können, stellte sich für mich als Glücksfall heraus.

Die Komplexität der Welt und das Leben in der Welt wahrzunehmen und einigermaßen zu verstehen, ist eine umfangreiche Aufgabe. Jeder hat seinen Blick auf die Welt, der sich aus seinen Lebensumständen ergibt; um das Zusammenleben der vielen Menschen einigermaßen zu gewährleisten und zu unterstützen, ist ein Verständnis auch der jeweils anderen von großer Bedeutung. Dies in Theorie und Praxis erfahren zu dürfen, danke ich meiner vielfältigen Ausbildung

Ich hatte auch das Glück, ein Berufsleben lang beim Österreichischen Bundesheer beschäftigt zu sein und an der Integration des Bundesheeres in der Bevölkerung mitarbeiten zu dürfen. So fand ich mich im Spannungsfeld von naiver Sehnsucht nach dem Frieden und der Notwendigkeit, den Friedensbedingungen gerecht zu werden. Dabei lernte ich, in sicherheitspolitischen Kategorien zu denken und erkannte das Machtpotential, das in der gegenwärtig praktizierten Wirtschaftsform den Frieden auf der Welt massiv gefährdet und dass demokratisch eingebundene Streitkräfte auf diese Tatsache hinweisen sollten.

Die Bilder friedlicher Weizenfelder beziehungsweise die Bilder von übenden Soldaten sollten in ihrer kausalen Schubumkehr verstanden werden. Es ist nicht alles so, wie es scheint und hin und wieder vermittelt auch das Sehen falsche Bilder. Der Lebensraum mit Erde, Meer und Äther erscheinen dem Auge als geradezu ewig. So unangenehm es auch ist, blind zu sein, so verdanke ich meiner Blindheit doch, die Begrenzungen durch das Sehen überwinden zu können und so leichter zum abstrakten Denken gekommen zu sein.

In den alten Hochkulturen spielten etliche Blinde eine prominente Rolle als Seher; ist man blind, so muss man im Ausgleich zum Sehen die Merkfähigkeit viel mehr einsetzen und sie dafür trainieren. Diese gehobene Fähigkeit konnten sie nutzen, um im gesellschaftlichen Leben Erinnerungen in Prognosen umzusetzen. Mit der Verbreitung der Schrift erübrigte sich der Nutzen dieser Fähigkeit und Blinde waren vom Wissen ihrer Zeit ausgeschlossen.

Ich danke der Erfindung der Blindenschrift im 19. Jahrhundert und der Entwicklung der Informatik, Anschluss an die

Information bekommen zu haben; das versetzt mich in die Lage, am Denkprozess der Gesellschaft teilzunehmen und eine Qualität, die durch Blindheit gefördert wird, einzubringen; es ist die Notwendigkeit, zwischen Vorstellung und Wahrnehmung vielfach zu wechseln und damit die beiden besser auseinander halten zu können.

Im Buch habe ich lang und breit einen kulturbildenden Fall der Verwechslung von Vorstellung und Wirklichkeit beschrieben; man kann dieses Phänomen auch kurz darstellen. Da treffen sich zwei Ärzte; sagt der eine: „Der Simulant auf Zimmer 12 ist gestorben". Darauf die Antwort des anderen: „Jetzt hat er aber übertrieben".

Ich danke vielen ehemaligen Kollegen für die Kommunikation mit mir – entweder dafür, dass sie mich verstanden, oder dafür, dass sie mir widersprochen haben. Ich danke auch meinen Freunden, die zum Teil mit mir in großer Geduld meinen Text Kapitel- und Absatzweise auf Plausibilität des Inhalts und Verständlichkeit des Ausdrucks hin besprochen haben.

In den Wissenschaften geht es um die richtige Wahrnehmung der Wirklichkeit; die realen Religionen wollen durch die Weitergabe alter Erfahrungen Lebenskunst vermitteln; Yoga will beides verbinden. Mit Yoga stellt man sich an den Anfang des Erkenntnisweges. Erkenntnis durch Sensibilität bedarf der Mithilfe anderer; es ist gut, ein so starkes Selbstbewusstsein zu haben, dass man die Meinungen der anderen auch aushält.

Literatur

Bauer, Joachim: Das kooperative Gen, Abschied vom Darwinismus, Hoffmann und Campe, ISBN 9783455500851.

Hüther, Gerald; Roth, Wolfgang; von Brück, Michael: Damit das Denken Sinn bekommt, Spiritualität, Vernunft und Selbsterkenntnis mit Texten des Dalai Lama, Herder, ISBN 9783451059841.

Lysebeth, André van: Yoga für Menschen von heute, Mosaik Verlag GmbH München, ISBN 9783442161645. (Körperübungen)

Patanjali: Die Wurzeln des Yoga, hrsg. v. Bettina Bäumer, Otto Wilhelm Barth Verlag, ISBN 9783502611165.

Die Bhagavadgita – des Erhabenen Gesang, hrsg. v. Klaus Mylius, aus dem Sanskrit, Deutscher Taschenbuch Verlag, ISBN 9783423124553.

Zimmer, Heinrich: Philosophie und Religion Indiens; Hrsg. Joseph Campbell, Suhrkamp Wissenschaft, ISBN 9783518276266.

Pinkas Klaus: „Yoga als klassische Aufklärung" Bod Verlag ISBN 9783744803489

Wikipedia: „Gehirn" und „Gehirnwellen"
sowie „ego cogito ergo sum" als quasi Gründungsformel der Aufklärung

Die besuchte Yogaschule und Bestelladresse der Bücher des Gründers der Schule Yogeshwaranand Saraswati ji Maharaj (Science of Soul, Himalaya ka Yogi etc.)
www.yoganiketanashram.org/
info@yoganiketan.org

E-Mail-Adresse des Autors: Klaus.pinkas@a1.net

EIN HERZ FÜR AUTOREN A HEART FOR AUTHORS À L'ÉCOUTE DES AUTEURS MIA KAPΔIA ΓIA ΣΥΓ HJÄRTA FÖR FÖRFATTARE UN CORAZÓN POR LOS AUTORES YAZARLARIMIZA GÖNÜL VERELIM S UN CUORE PER AUTORI ET HJERTE FOR FORFATTERE EEN HART VOOR SCHRIJVERS TEMOS OS AU ZERZÕINKÉRT SERCE DLA AUTORÓW EIN HERZ FÜR AUTOREN A HEART FOR AUTHORS À L'ÉCC ESCUCHA DE LOS AUT CBCEЙ ДУШOЙ K ABTOPAM ETT HJÄRTA FÖR FÖRFATTARE À LA AUTORS MIA KAPΔIA ΓIA ΣΥΓΓΡAΦΕΙΣ UN CUORE PER AUTORI ET HJERTE FOR FORFATTERE EE YAZARLARIMIZA GÖNÜL VERELIM ZERZÕINKÉRT SERCE DLA AUTORÓW EIN HERZ F CORACÃO BCEЙ ДУШOЙ K ABTOPAM ETT HJÄRTA F

Der Autor

Klaus Pinkas wurde 1940 in Graz geboren. Nach der Regelschule besuchte er die Handelsakademie, die er allerdings wegen fortschreitender Erblindung abbrechen musste, es folgten die Handelsschule und eine Ausbildung zum Stenotypisten an einem Blindeninstitut. 1961 trat er in den Dienst des österreichischen Bundesheeres ein. Nach der Matura im zweiten Bildungsweg folgten das Studium und 1973 die Promotion zum Doktor der Rechtswissenschaften. Anschließend studierte er Yoga, unter anderem auch in Indien. Von 1976 bis 2001 war er Yoga-Lehrer an einer Volkshochschule in Wien.

Berufliche Schwerpunkte waren eine Tätigkeit als Meinungsforscher beim Heerespsychologischen Dienst sowie zuletzt als Forscher für den sozialwissenschaftlichen Bereich an der Landesverteidigungsakademie. 2002 erfolgte die Pensionierung.

Bisherige Veröffentlichung: „Yoga als klassische Aufklärung" (Books on demand).

novum VERLAG FÜR NEUAUTOREN

Der Verlag

> *Wer aufhört*
> *besser zu werden,*
> *hat aufgehört*
> *gut zu sein!*

Basierend auf diesem Motto ist es dem novum Verlag
ein Anliegen neue Manuskripte aufzuspüren, zu ver-
öffentlichen und deren Autoren langfristig zu fördern.
Mittlerweile gilt der 1997 gegründete und mehrfach
prämierte Verlag als Spezialist für Neuautoren in
Deutschland, Österreich und der Schweiz.

**Für jedes neue Manuskript wird innerhalb
weniger Wochen eine kostenfreie, unverbind-
liche Lektorats-Prüfung erstellt.**

Weitere Informationen zum Verlag und
seinen Büchern finden Sie im Internet unter:

www.novumverlag.com